Baumhäuser

zum Träumen

Baumhäuser
zum Träumen

Die spektakulärsten
neuen Bauten weltweit

Alain Laurens | Daniel Dufour | Ghislain André

Mit Fotos von Jacques Delacroix
und Illustrationen von Daniel Dufour

AT Verlag

INHALT

Lassen Sie uns gemeinsam träumen!

Ich bin nicht gerade sehr poetisch veranlagt und wende mich dennoch an diejenigen, die all die schönen vergänglichen Dinge lieben, an all jene, die selbst die außergewöhnlichsten Dinge für wahrscheinlich und möglich halten, sie rühmen und verehren.

Nur sie sind für mich von Bedeutung und verschönern meine Tage. Sie haben richtig verstanden: Ich gebe den Träumen eine größere Bedeutung als der Realität ...

Eines Tages sind in den Garten, den meine Schnecken bewohnen, fremde Kerle gekommen, Freunde des Laubs, Künstler des Blätterdachs, Brüder der schönen Pflanzen. Sie haben den Geruch der Erde eingeatmet, mit den Bäumen geplaudert, die tändelnden Winde genossen. Sie haben sich ehrfürchtig auf eine Bank gesetzt, um mit dem Meister mit Namen »Mistral« zu sprechen.

Später haben sie im Geäst eines ehrwürdigen Baumes die Puzzleteile eines Traumhauses zusammengesetzt. Die Hütte aus schönem Holz wurde behutsam auf dem Baum angebracht – ein wahres Traumnest: Dach und Wände, Tisch und Bett.
Der Ort ist heute ein echtes Anderswo. Das Holz behält seine Geheimnisse für sich. Es verrät nichts von dem, was es weiß. Es bietet lediglich eine geheimnisvoll wohltuende Atmosphäre.
Im Herzen des Laubwerks, in dem sich die Hütte zusammenkauert, herrscht unendlicher Frieden.

In diesem Baum piepsen oder gurren die gefiederten Nachbarn, und am Abend umkreisen sie in Schwärmen die sanft rot gefärbten Wolken. Der Nieselregen murmelt auf den Fensterscheiben, und Scharen von Tauben tummeln sich hier, denn dieses Refugium ist ein Hort des Friedens. Hier erscheinen beim schwachen Schein einer Lampe die hereindringenden Splitter der Welt im Glitzerkleid. Die gemütliche Kammer eines Baumhauses wird zum Universum, denn man bereist die Wege der Träumerei. In meinem Baumhaus bin ich Geronimo zu Pferd begegnet, Amundsen im ewigen Eis, einem verzweifelten Gorilla in den ugandischen Bergen und sogar meiner Mutter in den sanften Tagen meiner Kindheit.

Dort oben beißt Väterchen Frost nur noch leicht in die Wade oder in die Fingerspitzen, so sehr scheint die Luft von der Berührung mit dem warmen Holz verwöhnt und gemildert.

Die Erbauer meines Baumhauses, Alain, der Mann der glückverheißenden Horizonte, und Ghislain, der Herr der Hölzer, haben Wälder und Wiesen, Lichtungen und Gärten der verschiedenen Kontinente und aller Klimazonen besucht und haben hier und dort, am Ufer eines Flusses, am Hang eines Berges, am Rand einer Wiese, Kunstwerke geschaffen – einzigartige Objekte, die dem Herzen gut tun, die der Seele einen Raum bieten, zu dem, was sie zweifellos am glücklichsten macht: zu Träumen und Traumreisen.

Lassen wir uns nieder und … träumen wir hoch hinaus!

Daniel Herrero

BUCHT VON KALØVIG / DÄNEMARK

Eine Lektion in dänischer Weisheit

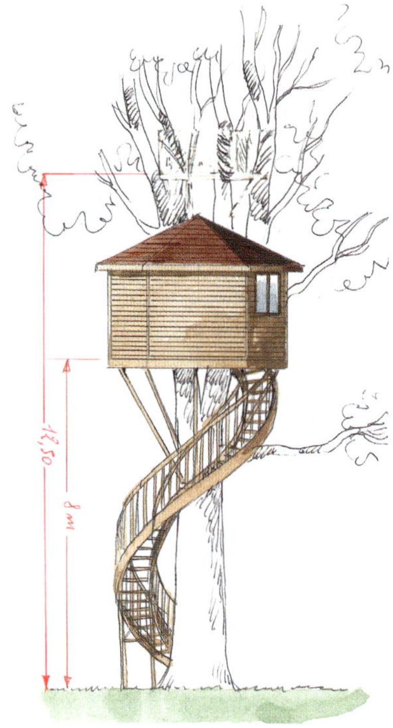

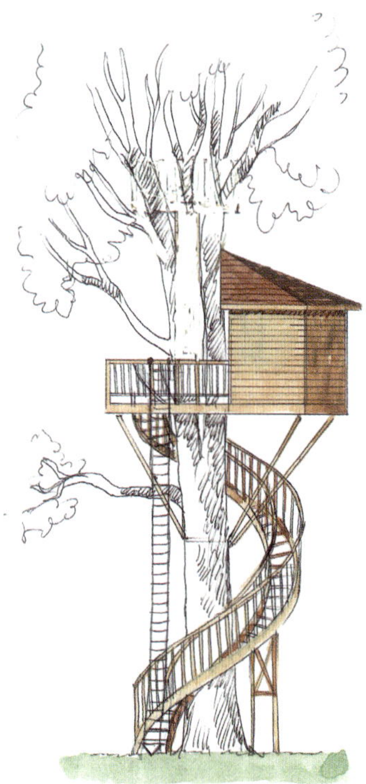

Und wenn es ausreichen würde, die Bäume zu erklimmen, um einen besseren Überblick zu erhalten? In dem Spielfilm »Der Club der toten Dichter« schlägt der Lehrer John Keating seinen Schülern vor, auf das Pult zu klettern, um die Welt aus einem anderen Blickwinkel zu betrachten. Genauso träumte Søren davon, einen neutralen und beruhigenden Ort zu schaffen, der die Besucher dazu einlädt, die Dinge auf eine andere Art und Weise zu sehen. Der erfolgreiche Verhandlungsspezialist und Konfliktmediator aus Dänemark, der schon oft selbst in den aussichtslosesten Situationen eine Lösung fand, hat ein ehemaliges Hotel an der Ostküste des Landes in eine Anlaufstelle für Unternehmen und Privatleute verwandelt. Jedes einzelne Detail des Hauses ist sorgfältig durchdacht, um so eine günstige, der Ruhe und Entspannung förderliche Atmosphäre zu schaffen. Doch war die Ruhe des Ortes nicht immer ausreichend, um die erhitzten Geister zu besänftigen. Die Lösung lag auf der Hand, als seine Tochter Christine von einem französischen Unternehmen erfuhr, das Baumhäuser baute.

– Baumart: Buche
– Höhe: 8 m
– Grundfläche des Hauses: 10 m^2
– Grundfläche der Terrasse: 10 m^2
– Verwendung: Gästehaus und Mediationsort
– Webseite: www.kalovigcenter.dk

Verborgen vor fremden Blicken erwartet das Baumhaus seine Gäste im Schutz der großen Buche.

Nach einem Aufenthalt im Luberon beschlossen sie, eine Hütte mit zehn Quadratmetern Grundfläche in die Buche vor dem Mediationszentrum zu bauen. Wie bei La Cabane Perchée üblich, wurde das Baumhaus zunächst im Atelier entworfen und anschließend fast so wie bei einem Spiel mit Legobausteinen vor Ort zusammengebaut. Dabei wurden weder Äste abgesägt noch ein einziger Nagel in den Baum geschlagen. Nachdem die Arbeiten am Baumhaus abgeschlossen waren, wirkte es fast so, als hätte es sich schon immer dort befunden. Wie ein Ring wird das Astwerk der Buche umschlossen und dadurch der Blick auf die Schönheit der Krone gelenkt. Das Innere des Baumhauses ist so eingerichtet, dass vier bis fünf Personen für Arbeitssitzungen in acht Metern Höhe darin Platz finden. Die große Buche scheint im Rhythmus der Jahreszeiten auch den Widerspenstigsten die Lust am Konsens und gegenseitigen Respekt einzuflüstern.

Am Besprechungstisch werden Konflikte bereinigt.

»Um Überblick zu gewinnen,
steigen wir auf die Bäume!«

Für einen Augenblick der Entspannung: die Terrasse im Schatten des großen Baumes.

Der wunderschöne Dachstuhl aus dem Holz der Riesen-Thuja.

VAL-D'OISE / FRANKREICH

Eine Brücke im Urwald

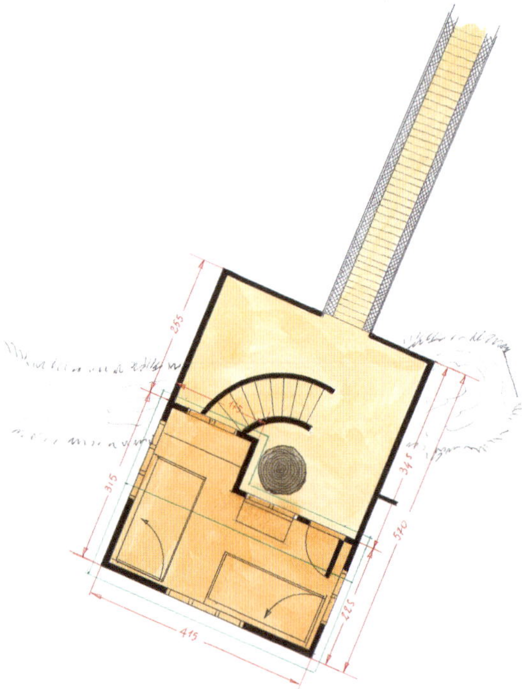

- Baumarten: Zeder und Buche
- Höhe: 10 m und 14,5 m
- Grundfläche des Hauses: 9,3 m^2
- Grundfläche der Terrassen: 10 m^2 und 12,25 m^2
- Grundfläche des erhöhten Ausgucks: 7,3 m^2
- Verwendung: Leben im Freien, Naturbeobachtung

Jedes Baumhaus ist ein erfüllter Kindheitstraum. Dieses hier ist der Traum eines kleinen Abenteurers, der, groß geworden, sich nicht damit abgefunden hat, nur auf dem Boden zu leben. Der Chef eines Unternehmens, von Montag bis Freitag in Anzug und Krawatte, ein ehemaliger kleiner Indiana Jones, suchte in den Bäumen nach den verlorenen Gefühlen seiner Kindheit. Auf seinem großen Grundstück unweit von Pontoise floss ein Bach, der geradezu danach rief, aus der Vogelperspektive in eine gefährliche Schlucht verwandelt zu werden. Ein Baumhaus in der großen Zeder, eine Hängebrücke in zehn Metern Höhe, eine Terrasse und ein Ausguck in der benachbarten Buche – und schon hat sich der schöne Park im Großraum Paris in eine fantastische Spielwiese für kleine und große Wagemutige verwandelt. In die Realisierung der damit verbundenen technischen Herausforderungen und die Ausbalancierung der gesamten Struktur in einer solchen Höhe hat Zimmermann Ghislain all sein Können gesteckt.

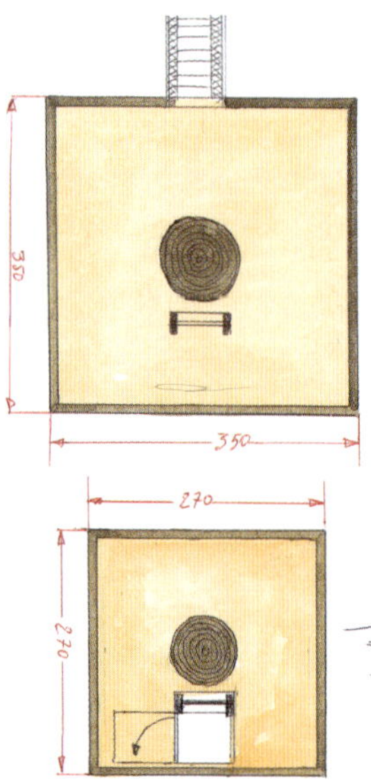

14,50 m

Blick von unten: Die Plattformen und die schmale Hängebrücke verströmen einen Hauch von Exotik.

Nichts bei Höhenangst.

Auch bei starkem Wind ist die Hängebrücke tadellos gesichert.

Dank der Stromversorgung genießen die Gäste des Baumhauses einen großen Komfort.

Der Aufstieg über die Wendeltreppe, die sich zu dem majestätischen Nadelbaum emporschwingt, wird zu einem Übergangsritual von der Alltagswelt in das Reich der Fantasie. Von der Terrasse aus, die von Verbindungsstreben aus geschichtetem Holz der Riesen-Thuja getragen wird, beschreiten die Mutigsten die schmale, mit einem Auffangnetz versehene Brücke. Sie ist an Metallseilen aufgehängt, und ihre Tritte sind aus behandeltem Sumpfkiefernholz gefertigt. Wenn sich der Wind nur ein wenig hebt, kann man sich zehn Meter über dem Bach eines gewissen Kitzels sicher sein. Eine gesicherte Leiter führt anschließend von der zweiten Terrasse aus zu dem etwa fünf Meter höher gelegenen Ausguck. Von dort eröffnet sich ein beispielloser Blick auf den Garten bis hin zum Gehege der Geparde, die hier in Freiheit aufgezogen werden. Zurück vom Ausguck bietet das abgeschiedene und gemütlich ausgestattete Baumhaus eine Zuflucht, in der sich die Aufregung legen kann. Dort, inmitten der Bäume, kann man gut einen Nachmittag, eine Nacht oder gleich ein ganzes Wochenende verbringen.

»Die schmale Brücke eröffnet ein unbekanntes Universum.«

Ein Gartenstuhl lädt zum Verweilen ein. Hier kann man die magische Stimmung auf sich wirken lassen.

MOSKAU / RUSSLAND

Die Datscha von Marie

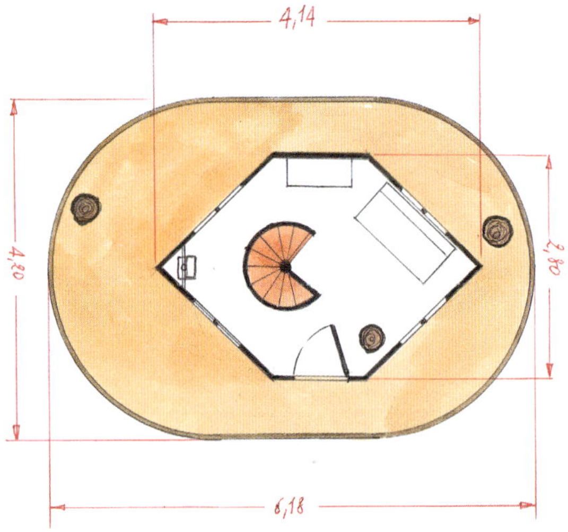

Nicht nur kleine Jungen wollen in den Bäumen leben. In Moskau erinnerte sich die hübsche Marie mit Sehnsucht an ihre Sommerferien in den Baumkronen. Als sie hörte, dass eine etwas verrückte französische Truppe den Bau von Baumhäusern anbot, bat sie sie in ihren großen Garten am Waldrand mit dem Auftrag, ein Baumhaus für sie zu realisieren. Auf dem gesamten Grundstück stand jedoch kein Baum, der das Gewicht eines Baumhauses, so klein es auch gewesen wäre, hätte tragen können. So entschied man sich für eine Pfahlkonstruktion, die versteckt zwischen drei beieinanderstehenden Douglastannen erstellt werden sollte. Bei dieser Konstellation wäre es ohne Weiteres möglich gewesen, die Plattform zwischen die Stämme der Nadelbäume zu bauen. Der Wunsch der Auftraggeberin war aber, dass einer der Bäume so durch den Innenraum des Baumhauses verlaufen sollte, dass er optisch quasi durch den Boden und aus dem Dach wieder herauswuchs. Glücklicherweise war der Stamm einer der Tannen völlig gerade und ermöglichte so, in der Bedachung eine Öffnung anzubringen, ohne die Isolierung des Baumhauses aufs Spiel setzen zu müssen.

Der Sattelzug aus dem Luberon kam mitten im Winter in Moskau an. Und so begann das Team bei minus 30 Grad Celsius zunächst mit den Arbeiten an der Konstruktion der Wendeltreppe. Anschließend folgten die Plattform und die Behausung aus Riesen-Thuja-Holz. Bereits im folgenden Frühjahr konnte Marie sich schon voller Enthusiasmus der Innendekoration widmen. Sie begann mit einem Innenanstrich aus weißer Farbe, platzierte Kissen und brachte

- Baumart: Douglastannen
- Höhe: 5 m
- Grundfläche des Hauses: 12 m^2
- Grundfläche der Terrasse: 18,4 m^2
- Verwendung: Rückzugsort

Die Pfähle werden kaum wahrgenommen,
sodass das Baumhaus zu schweben scheint.

Die Eckbank lädt zu gemütlichen Stunden, allein oder mit Freunden, ein.

Der Ofen stellt einerseits ein dekoratives Element dar, bietet aber während des Winters auch wohlige Wärme.

Die abgerundete Terrasse blickt über den Garten.

Vorhänge an; dann sorgte sie für ausreichende Beleuchtung und suchte in Trödelläden nach Antiquitäten zur Vervollkommnung der Einrichtung. Im Sommer setzte sie Grünpflanzen und Geranien in große Blumenkästen, und im Herbst konnte sie zum ersten Mal ihren antiken Ofen einheizen. So konnte sie auch weiterhin das Baumhaus besuchen und Zeiten der Ruhe und Stille genießen.

Der gesamte Innenraum ist weiß lackiert.

»Ein heimeliger Ort par excellence.«

Jeder Besitzer gestaltet sein Baumhaus frei nach seinen Wünschen.

YVELINES / FRANKREICH

Ein Lesetraum

Im Inneren eines Baumhauses, in der rauschenden Stille der Bäume, scheint die Zeit zu schweben. In diesem Kokon aus Holz lebt jeder nach seiner Fasson, ohne sich Sorgen über neugierige Blicke der anderen zu machen. Und so werden dorthin auch nur die Gegenstände mitgenommen, die als wesentlich oder persönlich erachtet werden. Dieses große Baumhaus war ein Geschenk der Besitzerin zum Geburtstag ihres Mannes, und sie wusste von Anfang an, dass er es sich dort mit Büchern, einem bequemen Sofa und einer Leselampe gemütlich machen und Stunden vertieft in seine Lieblingsromane verbringen würde. Die Bücherregale, die bereits in den ersten Skizzen der Innenausstattung vorgesehen waren, wurden von Schreiner Pierre angefertigt.

Eine besondere Herausforderung war die sichere Fixierung des Baumhauses in den Bäumen. Die größere, schräg stehende Eiche schien nicht ausreichend groß zu sein, um das Gewicht allein tragen zu können. Daher musste ein weiterer Baum in wenigen Metern Entfernung zu Hilfe genommen werden. Die Aufgabe bestand nun darin, das Gewicht zwischen den Auflagepunkten so zu verteilen, dass das gesamte System fest und stabil hielt, ohne einen einzigen Ast zu

- Baumart: Eichen
- Höhe: 6 m
- Grundfläche des Hauses: 7 m^2
- Grundfläche der Terrasse: 10,5 m^2
- Verwendung: Bibliothek, Lesezimmer und Ruheraum

Wie ein riesiger Holzdrache scheint die Terrasse in der Luft zu fliegen.

Die Fenster sind mit Doppelverglasung ausgestattet, die eine bessere Isolierung bietet.

»Von unten betrachtet, werden Terrasse und Treppe zu einer Skulptur, die sich in die Landschaft einfügt.«

Die Details der Bedachung und der Inneneinrichtung wurden mit viel Sorgfalt von den Schreinern realisiert.

opfern oder Nägel in die Stämme zu schlagen. Die abgerundete Terrasse wird durch Balken aus Schichtholz gestützt, die sich einige Meter tiefer in einem mit Gummi gepolsterten Metallring vereinen. Umgesetzt wurde das Haltesystem der Terrasse mithilfe einer Doppelkonstruktion aus in Ästen aufgehängten Seilen und Verbindungsbalken, die auf dem Stamm des Hauptbaums aufliegen. Die gesicherte Leiter, die den Aufgang zur Terrasse ermöglichen sollte, machte schließlich einer Treppe Platz, welche die erste Eiche umschlingt und in einer eleganten Spirale zur Plattform führt. Zu guter Letzt wurde das Baumhaus mit Elektrizität ausgestattet, sodass die zahlreichen Leselampen und ein Wasserkocher für Tee angeschlossen werden können.

SAINT-SATURNIN-LÈS-APT / VAUCLUSE / FRANKREICH

Die Geheimnisse der Platane

Jeder Baum hat seine eigene Geschichte, für die man sich Zeit nehmen muss. Die ältesten unter ihnen bewahren als Zeugen der Vergangenheit in ihren Jahresringen über die Zeitenläufe Tausende von Geheimnissen. Im Herzen des Luberon auf einem hochherrschaftlichen Weingut, das zu einem Luxushotel umgebaut wurde, überragt eine majestätische Platane seit dem Beginn des 17. Jahrhunderts die Olivenbäume und Lavendelfelder. Mit ihrer ausladenden und weit zum Himmel aufragenden Krone flößt sie durch ihre bloße Anwesenheit Respekt und Ruhe ein. Als Alain im Schatten dieser Baumkrone saß, wusste er sofort, wie er diesen Methusalem in seiner Wirkung noch verstärken könnte. Er dachte an eine kreisförmige Plattform, die es ermöglichen würde, sich zwischen den gewaltigen Ästen aufzuhalten. Die von Daniel gezeichnete Projektskizze wurde von dem Besitzer sofort angenommen. Er sah darin die Möglichkeit, zum einen an seine Kindheitserinnerungen anzuknüpfen und gleichzeitig seinen Kunden ein außergewöhnliches, zeitloses Erlebnis zu bieten.

Die Aufnahme der genauen Maße des Baums gestaltete sich ziemlich schwierig. Außerdem erforderte es einigen Wagemut und viel Können, dem Werk ohne Pfähle oder Stützen ausreichend Halt zu geben. Aus Respekt für den altehrwürdigen Riesen sollte nicht einmal seine Rinde ver-

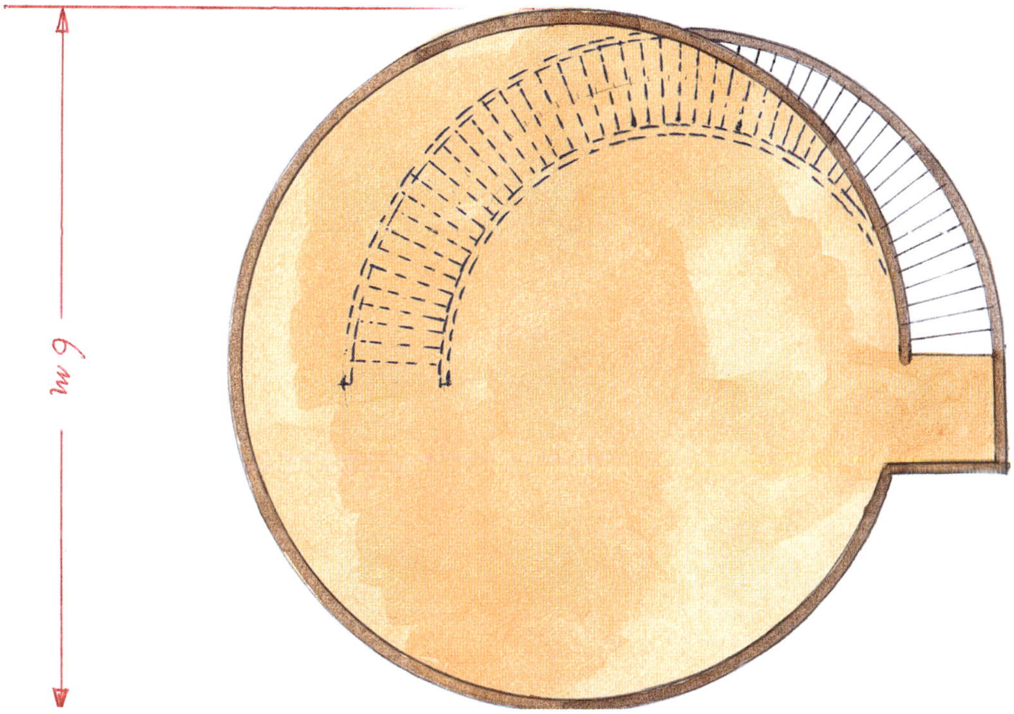

- Baumart: Platane
- Höhe: 7 m
- Grundfläche der Terrasse: 28 m^2
- Verwendung: Mittag- oder Abendessen im Baum
- Webseite: www.andeols.com

In der Nacht wird die monumentale Treppe
von Hunderten von Glühwürmchen erhellt.

Die Terrasse ist auf eine Belastung von 300 kg/m^2 ausgelegt.

letzt werden. Nachdem die letzten Handgriffe getan waren, stellte sich das Ergebnis umso spektakulärer dar. Sommers wie winters veredelt die Krone aus Holz die Äste, ohne sie zu behindern. Die breite Treppe umschlingt den enormen Stamm und vereinfacht die Bedienung auf der schattigen Terrasse, aus deren Boden die Äste wie Fontänen emporzuspringen scheinen. Die Gäste, die die Chance haben, einen Tisch an diesem sehr begehrten Ort zu ergattern, machen eine unvergessliche Erfahrung in der vertrauten Geborgenheit des Baumes. Manche sagen, dass die Platane ihnen am Abend, wenn Kerzen die Terrasse beleuchten und LED-Lichter die Windungen der Treppe unterstreichen, das ein oder andere Geheimnis anvertraut habe.

»Nur eine Terrasse oder ein Kunstwerk?«

Die Architektur der Terrasse würdigt die vierhundert Jahre alte Platane.

Alain Laurens
Gründer von La Cabane Perchée

Eine Nacht unter Sternen im Olivenhain

Tarzan und Jane genießen nicht mehr allein den Vorzug, in den Bäumen zu leben. Die Menschheit klettert nicht mehr auf Bäume, um sich vor wilden Tieren zu schützen, sondern um zu einem Leben nahe der Natur, in Harmonie mit den Elementen und mit sich selbst zurückzufinden. Für die Geschäftsführer des wunderschönen toskanischen Agriturismo La Piantata, der als »Bed and Breakfast« geführt wird, besteht der ultimative Luxus darin, dem Alltag zu entfliehen und in den Olivenhainen und Lavendelfeldern wieder aufzutanken, ohne auf den Komfort eines Fünfsternehotels zu verzichten. Für die Realisierung dieses Traums, einer Suite in den Wolken, mussten die Mitarbeiter von La Cabane Perchée jedoch eine solide Struktur auf Pfählen entwickeln, die dem Gewicht eines Baumhauses mit mehr als vierundzwanzig Quadratmetern und dem starken Wind auf dem Hügel standhält. Obwohl die große Pinie allein eine dekorative Funktion hat, breitet sie doch schützend ihre Zweige über dem Dach aus. Das Dach des Baumhauses ist vollständig schwarz lasiert, um einen Kontrast zum Himmel, dem Olivenhain und den Lavendelfeldern des herrschaftlichen Landsitzes zu schaffen. Von dem sich weiter unten befindenden Schwimmbad lässt sich der Komfort der Innenausstattung nicht erahnen, deren Umsetzung der Raumausstatterin Claudia Pelizzari anvertraut wurde. Mit einer Mischung aus Glas, Edelstahl, Leinen und Zedernholz hat sie eine ausgefeilte Innengestaltung geschaffen, für die jedes einzelne Detail sorgfältig gewählt und aufeinander abgestimmt wurde. Beleuchtung, Dusche aus Corian, Kopfteil des Bettes aus Kristallglas, Heizung, Klimaanlage, Heimkino. So ist es wirklich nicht mehr notwendig, sich zwischen einem Leben in der Wildnis oder im Luxus zu entscheiden.

- Baumart: Pinie
- Höhe: 7 m
- Grundfläche des Hauses: 42 m^2
- Grundfläche der Terrasse: 40 m^2
- Verwendung: Gästehaus
- Webseite: www.lapiantata.it

Dank der von den Besitzern eingebrachten Brüstung aus Glas schweift der Blick ungehindert von der Terrasse in die Ferne.

»Die Terrasse wird im Meer der Olivenbäume zu einem Rettungsfloß.«

Das Baumhaus bietet mit der verglasten Dusche allen Komfort eines Sternehotels.

Die Innenarchitektur von Claudia Pelizzari zeichnet sich durch qualitativ hochwertige Materialien aus.

Das Baumhaus und die Buche

- Baumart: Buche
- Höhe: 9 m
- Grundfläche des Hauses: 13,4 m²
- Grundfläche der Terrasse: 20 m²
- Verwendung: Familientreffen

Manche Bäume scheinen dazu bestimmt zu sein, Baumhäuser zu beherbergen. Als würden sie geduldig darauf warten, an die Reihe zu kommen, lassen sie ihre Äste Jahrzehnt für Jahrzehnt so wachsen, dass sie dann zu gegebener Zeit für ein Baumhaus bestens vorbereitet sind. Es ist historisch nicht überliefert, ob der Bildungsminister von Louis-Philippe, der 1836 den herrschaftlichen Landsitz des einstigen Zisterzienserklosters erwarb, davon träumte, Hütten in die Bäume zu bauen. Vielleicht war ihm aber der Gedanke durch den Kopf gegangen, als er beiderseits des kleinen Tals heimische wie auch seltene Baumarten wie Kastanien, Weißbuchen und Süßkirschen, Zedern aus dem Libanon, Mammutbäume, Lebensbäume und Schwarzkiefern aus Österreich pflanzen ließ. Gut eineinhalb Jahrhunderte später waren diese Bäume die Juwelen des Parks geworden, und der Wunsch, ein Baumhaus zu erstellen, drängte sich den Nachkommen des Ministers auf. Bei der Begehung des riesigen Grundstücks mit zwei Hektar Wald und siebzig Hektar Weideland einigte man sich sofort auf eine gewaltige zweihundertjährige Buche mit sehr tiefen Wurzeln. Ein imposanter, ehrfurchtgebietender Baum mit einer idealen Höhe für die Errichtung eines Baumhauses. Um Maß zu nehmen und das Gewirr der Äste aus der Nähe zu begutachten, musste eine Hebebühne gemietet werden. Der Koloss schien den Menschen eine Lektion in Demut erteilen zu wollen,

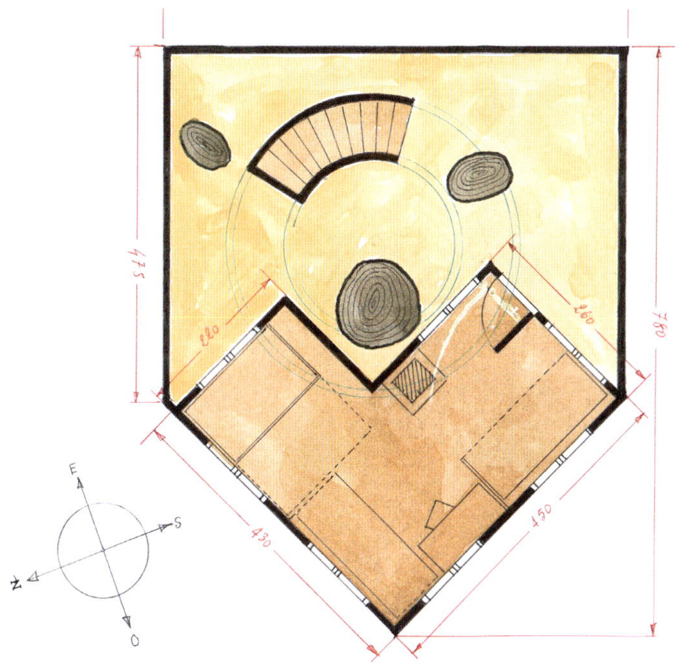
475
780
220
260
430
450
E
S
N
O

In dem riesigen Baum erscheint das Baumhaus winzig klein.

ließ sich aber schließlich von einer hübschen, abgewinkelten Hütte umfassen. Von da an hat der Baum und sein Baumhaus regelmäßig Besuch von zahlreichen Kindern und Jugendlichen erhalten. Sie unternehmen den Aufstieg über die prächtige Treppe, die sich um den Baum windet, um ein paar Stunden fern von allem in der Vertrautheit der Hütte zu verbringen.

Das abgeschiedene Baumhaus lädt zu jeder Jahreszeit zum Verweilen ein.

Der Stamm und die Äste umfassen das Baumhaus wie Fangarme.

»In neun Meter Höhe flößen die riesigen Äste Respekt ein.«

Die schattige Terrasse bietet an heißen Tagen angenehme Kühle.

Die Treppe schwingt sich in luftige Höhen empor.

Unvergleichlich in Pinselstrich, Liebenswürdigkeit und Freundschaft.

Daniel Dufour
Entwicklung und Design der Baumhäuser

VAUCLUSE / FRANKREICH

Die kleine Eiche, die von einem Baumhaus träumte

Baumhäuser sind eigentlich Hütten, also vergleichsweise kleine, einfache Behausungen, die nach der indogermanischen Wortwurzel (hud) in erster Linie Schutz geben sollen. Mit anderen Worten ist also ein enger und beschränkter Raum gemeint, der nur das Notwendigste beinhaltet. Auf dieser kleinen Eiche wurde ein solches winziges Baumhaus mit weniger als sechs Quadratmetern Grundfläche gebaut. Mehr Gewicht hätte die zarte Statur der Eiche auch niemals tragen können. Etwas weiter entfernt gab es eine große Zeder, die sich für eine größere Konstruktion geeignet hätte, aber nicht zum Zug kam. So blieb die kleine Eiche als einziger Baum, auf dem sich der Kindheitstraum des Besitzers realisieren ließ.
Die Konstruktion konnte nur dank der Verwendung des sehr leichten Holzes der Riesen-Thuja umgesetzt werden, das extra aus Kanada importiert wurde. Dieses wertvolle nichtrottende Holz mit extremer Festigkeit weist nur ein Viertel der Dichte von anderen Hölzern auf. Es ist zunächst rosafarben, vergraut mit der Zeit aber und nimmt die Farbe des Eichenstammes an, sodass es sich wunderbar in das natür-

– Baumart: Eiche
– Höhe: 3,8 m
– Grundfläche des Hauses: 5,6 m²
– Grundfläche der Terrasse: 9,3 m²
– Verwendung: zum Verweilen und Träumen

»Die Kunst des einfachen Lebens mitten in der Provence.«

Das Holz der Riesen-Thuja ist ideal geeignet für die Konstruktion von leichten und haltbaren Baumhäusern. Es ist jedoch sehr säurehaltig und lässt eisenhaltige Metalle oxidieren, weshalb Schrauben aus Inox verwendet werden müssen.

Die Terrasse am frühen Nachmittag.

liche Grün und Graubraun einpasst. Sein typischer Geruch, der nach etwa einem Jahr verschwindet, entsteht durch Öle, die Insekten auf natürliche Weise fernhalten und Krankheitskeime und Pilze abtöten. Dank der zahlreichen guten Eigenschaften dieser amerikanischen Baumart kann sich die kleine Eiche wie der mythische Riese Atlas gebärden und ein Baumhaus auf ihren Schultern tragen. Sie wird dabei diskret durch Schichtholzstreben unterstützt, die sich unterhalb der ersten Äste treffen. Für den Besucher stehen ein Bett mit Schubkästen, vier Flügelfenster und zwei Liegestühle bereit, um sich auszuruhen und den Blick auf die Berge zu genießen. Manchmal ist Glück so einfach.

Im winzigen Innenraum laden das große Bett samt Mückennetz zu nächtlichen Träumen ein.

LYONS-LA-FORÊT / CALVADOS / FRANKREICH

Der Kokon im Baum

- Baumart: Pinie
- Höhe: 4,6 m
- Grundfläche des Hauses: 12,5 m^2
- Grundfläche der Terrasse: 6 m^2
- Verwendung: für Körperanwendungen und Massagen
- Webseite: www.hotel-licorne.com

Schon fünf Meter vom Boden entfernt sieht die Welt ganz anders aus. In der Beschränktheit einer einfachen Hütte zwischen den Zweigen eines Baumes werden die Sinne geschärft für die Geräusche der Natur, den Geruch der Rinde, die Bewegungen der Blätter. Man atmet langsamer und spricht leise, als wolle man die Vögel nicht stören. Im Herzen eines Buchenwaldes in der Normandie machen die Gäste eines Luxushotels diese Erfahrung, wenn sie zum Massageraum auf Pfählen gehen, der das Schwimmbad und den Garten überragt. Nachdem sie die wenigen Stufen der Treppe erklommen haben, treten sie in einen hellen und gemütlichen Raum ein, in dem sie vielfältige Behandlungen genießen können. Sie sind jedoch häufig überrascht festzustellen, dass der Zauber des Ortes schon vor der ersten sanften Berührung zu wirken beginnt, wenn sie sich nämlich einfach der beruhigenden Gegenwart des Baumes bewusst werden. Die große Pinie mit der schlanken Silhouette, die das Häuschen wie ein eleganter Sonnenschirm vor Sonne und Regen schützt, erzeugt im Inneren des Holzkokons eine zutiefst beruhigende Atmosphäre. So haben viele plötzlich den Eindruck, sehr weit fort zu sein, wenn sie durch die Fensterfront in die Zweige schauen und sich vom Gesang einer Meise verzaubern lassen.

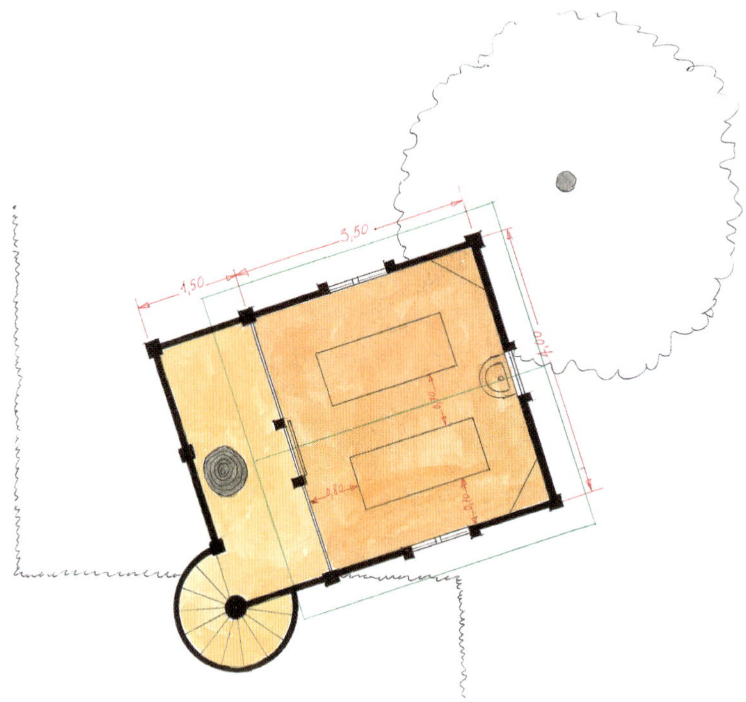

Das kleine Baumhaus schafft eine besondere, urtümlich unverfälschte Stimmung.

Im Sommer weht durch die geöffneten Fenster eine leichte Brise herein.

»Die Bauweise spiegelt die Art der Fachwerkhäuser und Schieferdächer der Region wider.«

Schließen Sie die Augen und lassen Sie sich umsorgen!

Wenn die Pinie die Hütte auch nicht trägt,
so steht sie doch in Verbindung mit ihr.

Ein Allrounder mit Talent und Humor.

Ghislain André
Teilhaber, Zimmermann und Leiter der Werkstatt

Flitterwochen zwischen Pinien

- Baumart: Pinien
- Höhe: 7 m
- Grundfläche des Hauses: 32 m²
- Grundfläche der Terrasse: 65 m²
- Verwendung: Hotelsuite
- Webseite: www.hotel-irma.com

Romantik hat ein neues Erscheinungsbild erhalten. Wenn früher die Magd davon träumte, einen Prinzen zu heiraten und in einem Palast aus reinem Gold zu leben, so träumen junge Frauen heute von einem Versteck, in dem sie es sich mit ihrem Liebhaber gemütlich machen können. In Südtirol wollten Hoteliers auf der ständigen Suche nach Perfektion ihren Gästen einen besonderen Ort bieten, von dem aus sie die Milchstraße bewundern, den Wind hören und sich vom Gesang der Vögel wecken lassen können. Ungefähr fünfzig Meter vom Hotelhauptgebäude entfernt fand sich ein Nadelholzwäldchen auf schrägem Gelände, das ihnen passend erschien, um darin eine Luxussuite in Form eines Baumhauses zu errichten.

Auch hier musste Ghislain eine Konstruktion auf Pfählen wählen, die über eine Wendeltreppe erreichbar ist und eine voll ausgestattete Suite mit mehr als zwölf Tonnen Gewicht tragen sollte. Die Auftraggeber konnten aus mehreren Vorschlägen auswählen. Nachdem alle Vorbereitungen abgeschlossen waren, wurden die Einzelteile des Hauses in der Werkstatt von Saint-Saturnin-lès-Apt vollständig vorgefertigt, um dann vor Ort zusammengefügt und aufgebaut zu werden. Die

Der Komfort entspricht den Anforderungen eines Hotels der gehobenen Preisklasse.

Der Dachüberstand wurde durchbrochen, um für den Stamm der Pinie Platz zu schaffen.

Die sehr geräumige Terrasse liegt zum Schwimmbad des Hotels hin.

Das Bett wurde so konzipiert, dass es auf Wunsch geradezu auf die Terrasse gleitet.

In der Nacht schafft die gedämpfte
Beleuchtung eine zauberhafte Stimmung.

Das kuschelige Nest bei Nacht.

»Zwischen Bergen und Zweigen – ein Traum für Naturverliebte.«

Frischwasserleitungen und der Anschluss an die Kanalisation sowie die Stromkabel verstecken sich diskret in einem Pfahl, dessen Zweck man nicht einmal erahnt. Im Inneren des Baumhauses genießen die Verliebten den Komfort einer Hotelsuite, die sich zu den Pinien hin öffnet. Und wenn das Wetter es zulässt, reicht eine einzige Handbewegung, um das große Bett, das direkt an der Fensterfront steht, auf die Terrasse gleiten zu lassen und unter freiem Himmel zu schlafen.

Das schwebende Königreich

Im Alter von fünf Jahren träumte er nicht von einem Baumhaus, sondern von einer Ritterburg. Seine Schwester hingegen träumte von einem Prinzessinnenschloss, und sein großer Bruder von einem Ort, an dem er sich von seiner großen Sippe zurückziehen konnte. Und da in den Augen ihres Vaters nichts wertvoller war als die Erfüllung ihrer Träume, ließ er jedem seiner Kinder zwischen den Nadel bäumen und Birken ihres Domizils nordöstlich von Moskau eine Hütte bauen. Der Erstgeborene erhielt eine Hütte mit zwei Ebenen und fernsteuerbaren Dachfenstern, die Nachgeborene ein hübsches Häuschen, das über eine Kletterwand zugänglich ist, und der Benjamin bekam eine Burg mit Schaukeln und Turngeräten. Die drei Hütten wurden mit schmalen Brücken aus Riesen-Thuja-Holz verbunden, damit die drei Kinder und ihre Freunde einander besuchen können, ohne einen Fuß auf den Boden setzen zu müssen. Der Traum der Kinder wurde für die Mitarbeiter von La Cabane Perchée bald zum Albtraum. Die Sattelschlepper waren mehrere Wochen in Vilnius, in Litauen, blockiert, bis der Zoll schließlich sein Einverständnis für die Weiterfahrt nach Twer gab. Der Aufbau dauerte zweieinhalb Monate, in denen sich zwei Teams, das von Thomas und das von Ghislain, immer wieder ablösten, um in der nahen Umgebung insgesamt fünf Baumhäuser zu bauen. Dazu gehörten diese drei kleinen Kostbarkeiten, von denen jede ihren eigenen Charakter erhielt. Kaum war das schwebende Dorf zwischen den Bäumen errichtet, nahmen die Geschwister das Gut in Besitz. Ihre Freude war so groß, dass die ganzen Schwierigkeiten im Vorfeld sofort vergessen waren und der Magie der Kindheit Raum gaben.

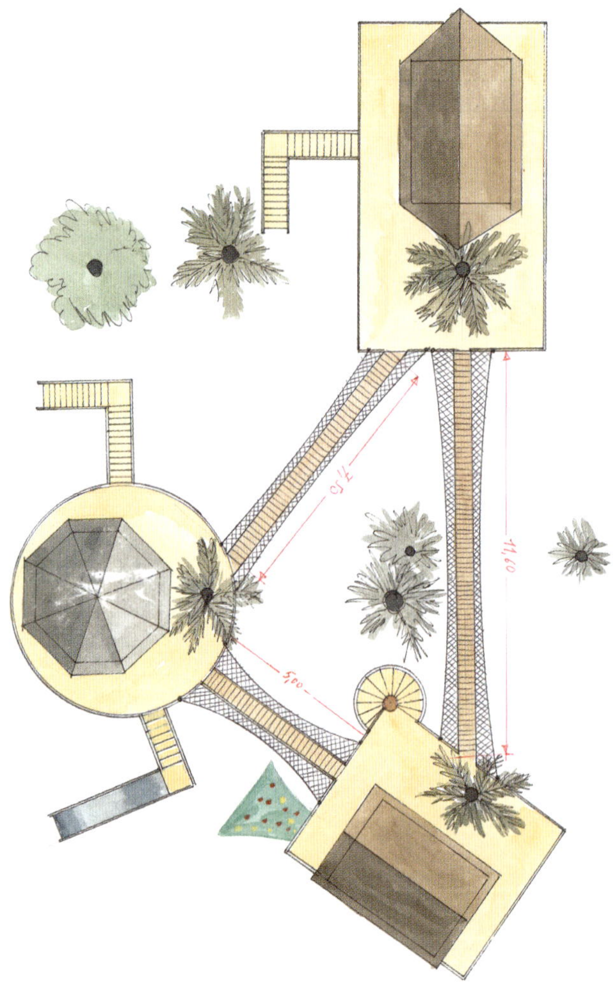

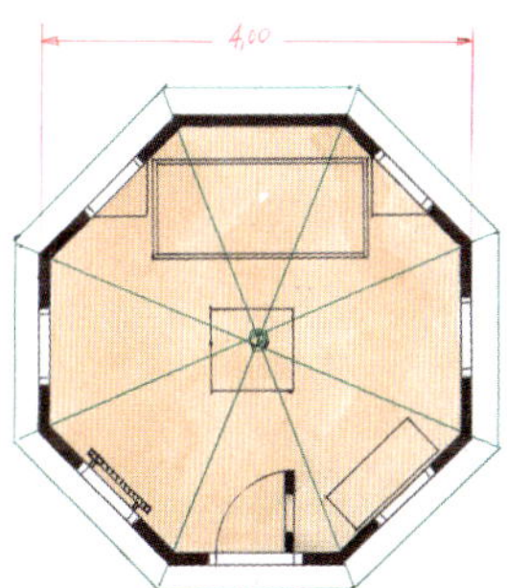

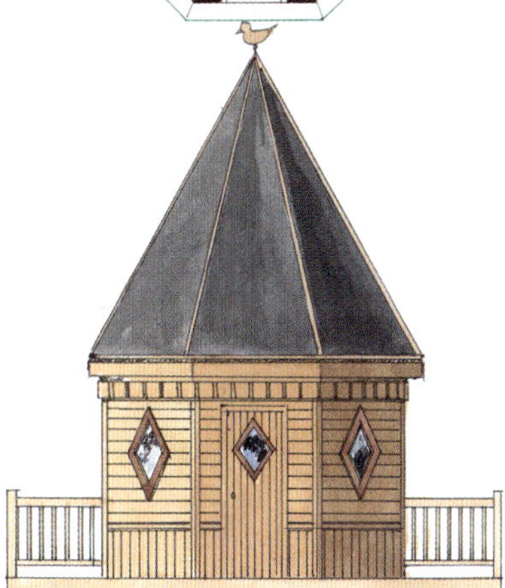

- Höhe: 5 m
- Grundfläche der Häuser: 17 m², 17,5 m², 17 m²
- Grundfläche der Terrassen: 39 m², 22 m², 16 m²
- Verwendung: Spielhütten für die Kinder

Am Ende hat ein Bergfried den zunächst vorgesehenen sechseckigen Turm ersetzt.

Die Brücken wurden aus zwei Meter langen Modulen zusammengefügt.

»Der Spielplatz der Kinder – ein Königreich der Fantasiewelt im Herzen Russlands.«

Die langen Brücken schwingen bei jedem Schritt leicht.

Im Vordergrund die Kletterwand
als zusätzlicher Zugang zur Hütte.

Jede Hütte hat einen anderen Aufgang:
hier eine schöne Wendeltreppe.

REGION TWER / RUSSLAND

Ein heißes Bad bei minus 30 Grad

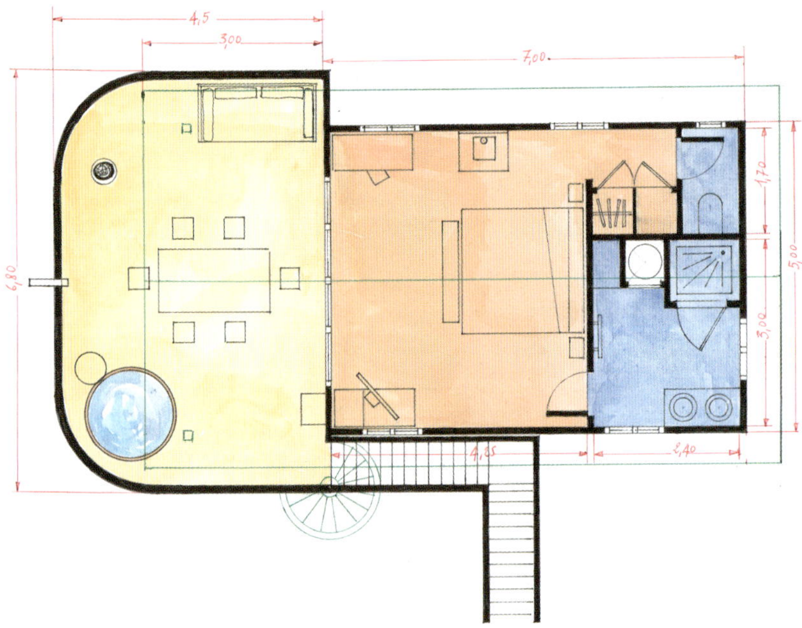

In nördlichen Breiten muss man sich etwas anderes überlegen, um das Leben an der frischen Luft zu genießen, auch wenn der Schnee den Wald unter seinem stillen Mantel verbirgt und die Natur zum Feind wird. Die Skandinavier haben schon vor Jahrtausenden eine simple Vorrichtung zur intensiven Entspannung entwickelt, die durch den einfachen Einsatz von Holz, Feuer und Wasser Körper und Geist wunderbar erfrischt und beruhigt: das schwedische Badefass. Ein mit Wasser aus dem Fluss befülltes Fass aus dem Holz der Riesen-Thuja, ein Holzofen, in dem duftende Nadelholzscheite knistern, auf 39 Grad erhitztes Wasser, und das Wohlbefinden ist vollkommen. Innerhalb weniger Minuten entspannen sich die Muskeln, die Giftstoffe verdampfen mit den Sorgen, und der Stress löst sich in der kalten Luft auf. Sobald die drei Kinder mit ihren Hütten wunschlos glücklich waren (siehe Seite 70), beschloss ihr Vater, sich in der Nähe einen ganz dem Wohlbefinden gewidmeten Ort zu gönnen. Der Vorschlag war eine Art Holzschiff auf Pfählen mit einer großen Terrasse, einem riesigen gut isolierten Zimmer und einem schönen Badezimmer. Die wahre architektonische Herausforderung bestand darin, eine überstehende Terrasse zu konstruieren, die ein schwedisches Badefass mit einem Gewicht von zweieinhalb Tonnen tragen

- Höhe: 6 m
- Grundfläche des Hauses: 37 m^2
- Grundfläche der Terrasse: 18 m^2
- Verwendung: Unterkunft für Freunde

Vom Badefass aus geht der unverbaubare Blick auf die Wolga und die Fischerhütte (siehe Seite 80).

Die Holzkonstruktion ist so konzipiert, dass sie die Hütte sowie das Badefass mit mehreren Tonnen Gewicht tragen kann.

Dank der hohen Pfähle reicht der Blick weit.

»Badetherapie zwischen Zweigen – ein Augenblick puren Genusses.«

Im Laufe des zweiten Jahres wird die Rotfärbung des Thujaholzes verblassen.

kann. Im Atelier arbeiteten die Mitarbeiter intensiv daran, die Konstruktion zu verstärken, ohne sie optisch zu wuchtig wirken zu lassen. Das gelang ihnen dank einer Konstruktion aus Balken und Schichtholzträgern aus Douglasfichten- und Lärchenholz. Nach langer Bauzeit wurde die Hütte sorgfältig eingerichtet und das schwedische Badefass an Ort und Stelle gebracht, gefüllt und beheizt. Und heute genießen die Erwachsenen im heißen Wasser den Blick auf die Wolga, während ihre Kinder spielen.

REGION TWER / RUSSLAND

Eine Angelpartie auf der Wolga

Bevor sich die Wolga in das Kaspische Meer ergießt, durchquert sie in vielen Windungen die ausgedehnten russischen Ebenen. Einige Kilometer stromabwärts der Waldaihöhen, in denen die Wolga entspringt, wird der große Fluss zum Paradies der Hechtangler. Um aus jeder Angelpartie einen Moment der puren Freude zu machen, hat dieser Naturliebhaber sich einige Hundert Meter vom Ufer entfernt, inmitten des kristallklaren und fischreichen Stroms, eine Hütte bauen lassen.

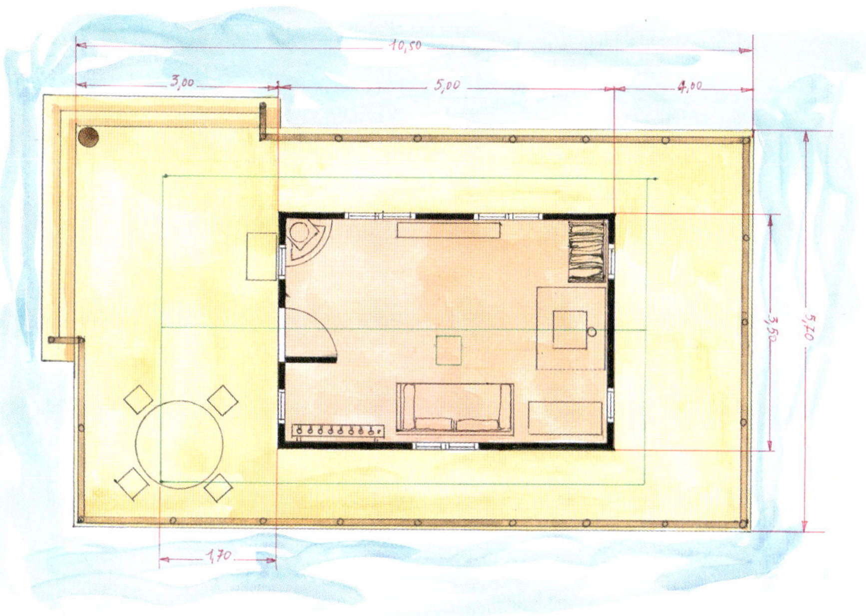

- Grundfläche des Hauses: 17,5 m^2
- Grundfläche der Terrasse: 42 m^2
- Verwendung: Angelhütte

Die abgerundeten Kupferdachpfannen schillern in der Abendsonne.

Daniel hat eine große Plattform entworfen, die dicht über der Wasseroberfläche liegt, dazu ein hübsches Spitzbogendach, dessen kupferne Dachpfannen in der Sonne glänzen, und eine gemütliche Innenausstattung mit einem Holzofen und einem Gestell für die Angelruten. Zur Befestigung des Werks entwickelte das Technikteam Betonstifte. Die herkömmlichen Aluminiumschwimmer wurden durch Schwimmer aus Polypropylen ersetzt, die dem Frost der langen russischen Winter standhalten können.

Nachdem die Hütte nach einigen Widrigkeiten fertiggestellt war, erhielt Alain kurz vor Weihnachten eine Einladung, sein Werk zu besichtigen und konnte dabei überrascht beobachten, wie seine Gastgeber vor ihm wortwörtlich über das Wasser gingen. Obwohl die Eisschicht in der Sonne etwas angeschmolzen war, war sie doch dick genug für eine sichere Wolgaüberquerung. Das Spektakel der gefrierenden Wolga bei Sonnenuntergang zu bewundern und sich danach in der Ofenecke wieder aufzuwärmen, war ein bleibendes Erlebnis.

»Eine schwimmende Insel auf der großzügigen Mutter Wolga.«

Wie der umgedrehte Rumpf eines Fischerbootes erscheint das Dach der schwimmenden Hütte.

Spiegelung auf dem zugefrorenen Fluss: Das bernsteinfarbene Dach kontrastiert mit dem Grau des Himmels.

Das Nest des Steinadlers

- Baumart: Eiche
- Höhe: 7,3 m
- Grundfläche des Hauses: 28,7 m^2
- Grundfläche der Terrasse: 39 m^2
- Verwendung: Hotelsuite
- Webseite: www.primland.com

Zur Schönheit eines Baumhauses gehört sowohl der Baum, der es beherbergt, als auch die umliegende Landschaft. Im Osten der Vereinigten Staaten bot die Bergkette der Blue Ridge Mountains eine Traumkulisse für ein Baumhaus. Im Herbst, wenn sich die Blätter der Tausenden von Bäumen orangerot färben und die Gebirgskämme in bläulichen Dunst getaucht sind, raubt einem die Schönheit des Anblicks den Atem. Es war ein wahres Glück, in einen wunderschönen Hotelkomplex eingeladen zu werden, um dort eine wunderbare Suite in den Bäumen zu entwerfen.

In aller Herrgottsfrühe brachen Alain und Daniel auf, um in dem riesigen Park des herrschaftlichen Landsitzes den idealen Baum zu finden. Nach einem stundenlangen Marsch kehrten sie jedoch unverrichteter Dinge zum Hotel zurück. Sie waren etwas irritiert, dass sie nicht den perfekten Ort finden konnten, an dem sich sowohl ein ausreichend kräftiger Baum als auch eine interessante Aussicht mit Blick auf die Berge boten. Am nächsten Tag nahmen sie ihre Suche wieder auf und fanden schließlich eine schöne Eiche, die oben an einem dreihundert Meter tiefen Abhang stand. Daniel malte seine Ideen mit Aquarellfarben aufs Papier. Dazu gehörte eine Zugangsrampe, eine große, abgerundete, das Tal überragende Terrasse und eine geräumige Behausung mit Schlafraum, Salonecke und Badezimmer.

Fast im Nichts schwebt das Baumhaus vor dem bläulichen Horizont.

Mit allem, was amerikanische Touristen erwarten ...

Zurück in der Werkstatt übernahm Ghislain mit seinen Mitarbeitern die Ausführung und konstruierte eine Fertighütte. Einige Wochen später wurde die Ladung für die große Reise über den Atlantik verschifft. Das ganze Team fuhr in die zauberhafte Landschaft der Appalachen, baute dort das Baumhaus in der Flucht des Felshangs zusammen und lebte den amerikanischen Traum ...

»Mein Baumhaus in den Appalachen.«

Unter der Terrasse: ein dreihundert Meter tiefer Abbruch.

Zuverlässigkeit, Genauigkeit und ein großes Herz.

Thomas Dupérier
Mitarbeiter des Montageteams

GENF / SCHWEIZ

Die Amsel und die Hornisse

Wenn der Mensch seine Behausung in die Äste eines Baumes baut, betritt er die Spielwiese der Vögel, Eichhörnchen und Insekten. Nach einigen Tagen der Abwesenheit bemerkt der Mensch oft, dass Letztere den Ort wieder in Besitz genommen und hier und dort eine Nuss oder Eichel hinterlassen haben. Beim Bau eines Baumhauses muss man immer wieder auf die Natur hören und auf sie Rücksicht nehmen, damit die Konstruktion vom Baum und seinem Ökosystem angenommen wird.

Zunächst wurde in den Gärten eines ehemaligen, inzwischen neu hergerichteten Bauernhofs im Raum Genf ein Projekt in einer Eiche in Betracht gezogen. Doch dann zeigte sich, dass Hornissen dort schon ein Nest eingerichtet und den Stamm gefährlich ausgehöhlt hatten. So wählte man aufgrund des zauberhaften Blicks auf die Alpen und über den Garten eine Eiche im hinteren Bereich des Grundstücks. Der erste Vorschlag sah eine fünfeckige Terrasse mit einem Baumhaus vor, das sich im Winkel befand und die beiden Hauptäste umschloss. Der Innenraum sollte in zwei Teile geteilt werden, mit einer Bettnische und einer Büroecke. Aber nach den Gesprächen mit der Besitzerin, einer talentierten Architektin, entwickelte sich das Projekt zu runden Formen weiter. Vor einem großen Raum in Form eines Halbmondes sollte eine halbrunde Terrasse liegen und eine große ebenfalls gerundete Panoramafensterfront sich um den Stamm des Baumes schmiegen. Während das Baumhaus zusammengebaut wurde, richtete eine Amsel ihr Nest im Dachstuhl ein. Das Projekt war von den Bewohnern des Baumes angenommen worden.

- Baumart: Eiche
- Höhe: 11 m
- Grundfläche des Hauses: 8,8 m^2
- Grundfläche der Terrasse: 15 m^2
- Verwendung: Schlafnest

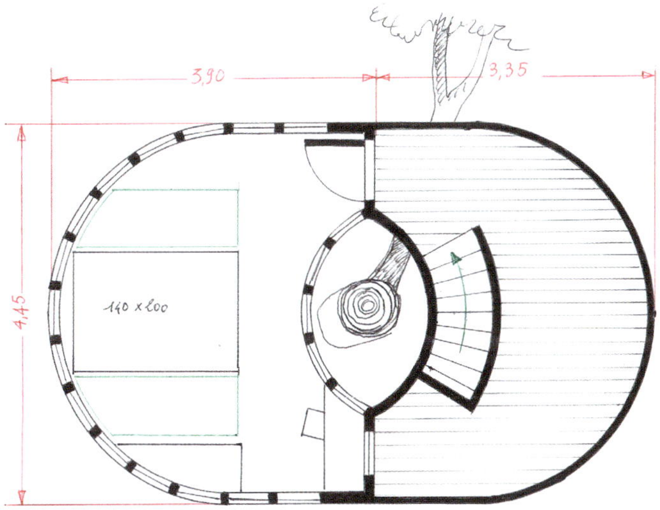

Die Rundungen des Baumhauses kontrastieren mit dem strengen Formschnitt im Garten.

Das vor der gewölbten Panoramafensterfront
platzierte Bett füllt fast den gesamten Raum aus.

»Da der Mensch nicht wie die Vögel fliegen kann, erfreut er sich einige Tage pro Jahr daran, in den Bäumen sein Nest zu bauen.«

Wie immer bedingt die Ausrichtung der Terrasse
die Achse des Baumhauses.

STEIERMARK / ÖSTERREICH

Ein Ausguck im Wald

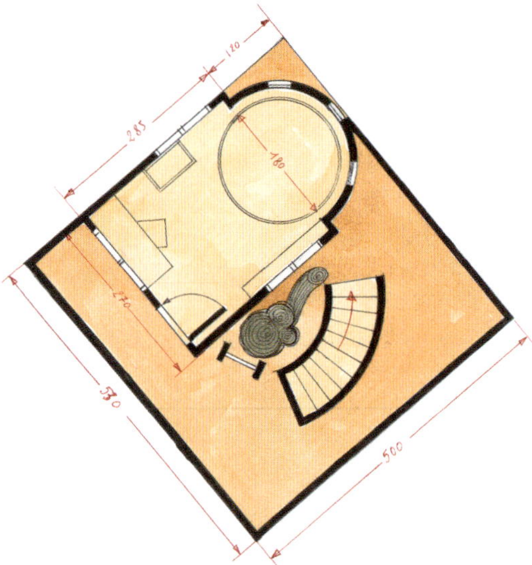

– Baumart: Eiche
– Höhe: 10 m, Ausguck: 14 m
– Grundfläche des Hauses: 9,7 m²
– Grundfläche der Terrasse: 12 m²
– Verwendung: Schreibstube

In zehn Metern Höhe stellt sich die Landschaft völlig neu dar. Die Umgebung, die uns so vertraut erschien, birgt zahlreiche Überraschungen: Die Wahrnehmung der Entfernungen und der Größen verändert sich und das, was vom Boden aus unsichtbar war, wird plötzlich erkennbar. Auf diesem Anwesen an der Grenze zwischen Österreich, Slowenien und Ungarn erhob sich eine große Eiche oberhalb eines Felsvorsprungs und überragte mit ihrer ganzen Höhe ein bewaldetes Tal. An diesem Standort war der Baum ideal dafür geschaffen, für die drei Kinder der Familie ein Baumhaus zu beherbergen.

Von den ersten Skizzen an wirkte das Baumhaus, das in Richtung Grenze schaut und von einem Aussichtsturm überragt wird, wie ein Ausguck. Eine gesicherte Leiter sollte es den Kindern ermöglichen, den Ausguck in vierzehn Metern Höhe zu erreichen, um weiter unten Rehe und Wildschweine zu beobachten. Statt der Leiter fiel dann aber der Entscheid für eine Treppe, da der Aufstieg über die sechzig

Je krummer der Stamm ist, umso mehr muss die Wendeltreppe von der Drehachse entfernt sein.

Zeit für eine Pause auf der Terrasse.

»Oft wird das Baumhaus der Kinder zu demjenigen der Eltern.«

Stufen bis zur Terrasse bereits Nervenkitzel genug war. Die Konstruktion der Treppe machte den Mitarbeitern schwer zu schaffen. Das Gefälle und der krumme Stamm mussten berücksichtigt werden, damit die Windung der Treppe zwischen den Ästen des Baumes einerseits und den Stützbalken andererseits hindurchpasste. Letztere tragen das ganze System und sind auf einem mit Gummi ausgelegten Metallring gelagert, der drei Meter tiefer angebracht ist. In dieser Höhe ist es nicht selten, dass das Baumhaus bei Wind etwas schwankt.
Trotz der zahlreichen Einrichtungsvorschläge, die auf den ersten Aquarellen für die Kinder ausgearbeitet wurden, hat sich schließlich ihre Mutter des Baumhauses bemächtigt und es Stück für Stück in ein Büro verwandelt. Jetzt haben die Kinder den Ort verlassen, und ihre Eltern unternehmen den Aufstieg über die lange Treppe, um die Landschaft zu bewundern und die Ruhe des Waldes zu genießen.

Bei jedem Schritt verändert sich die Perspektive auf das Tal und die Hügel.

SARTHE / FRANKREICH

Das Baumhaus, das einen Spagat macht

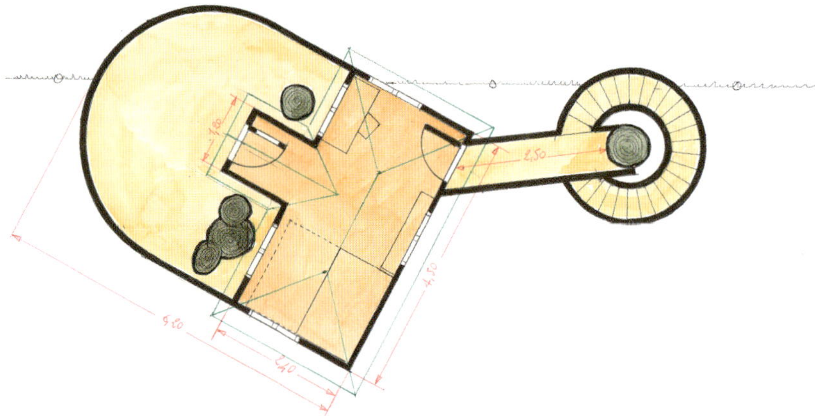

- Baumart: Eichen
- Höhe: 11 m
- Grundfläche des Hauses: 10,5 m^2
- Grundfläche der Terrasse: 13 m^2
- Verwendung: Beobachten und Schlafen

Wie anderswo befeuern auch in der Kunst des Baumhausbaus gegebene Zwänge die Kreativität. Ein krumm gewachsener Stamm, Gefälle im Gelände, zu dicht oder zu weit auseinander stehende Bäume sind von der Natur geschaffene Hindernisse, denen die Konstrukteure des Baumhauses mit innovativen Lösungen begegnen müssen. Am Rand des Departements Sarthe träumte der Besitzer eines schönen Herrensitzes davon, sich einen Unterschlupf in eine der mehrere hundert Jahre alten Eichen auf seinem Land bauen zu lassen, um von dort aus den Zug der Tiere auf dem umliegenden Land beobachten zu können. Von den ersten Skizzen an, die Daniel anfertigte, wurde einer der Bäume dafür vorgesehen, das Baumhaus mithilfe einer Konstruktion aus Stützen und einem Ring zu tragen. Der andere wurde für die Wendeltreppe in Anspruch genommen, die nach einer doppelten Drehung um den Stamm die Höhe von elf Metern erreichen sollte. Sollte sich diese Konstruktion als machbar erweisen, könnte man sich idealerweise auf der Terrasse frei bewegen, ohne dass der Treppenaufgang störte.
Die Einzelteile wurden im Atelier gezeichnet und zugeschnitten. Dabei bewiesen die Zimmerleute Weitsicht, indem sie mehrere Befestigungsmöglichkeiten für das Baumhaus in einer solchen Höhe vorsahen. Vor Ort musste das Montageteam tatsächlich einige Anpassungen vornehmen. Sie befestigten die Plattform mit Riegeln an den beiden Stämmen, was diesem Baumhaus seine besondere Originalität verleiht.

Ein einzigartiges Konzept eines Baumhauses
zwischen zwei Bäumen.

»In der Luft hängend, fordert dieses kleine Baumhaus die Gesetze der Schwerkraft heraus.«

Ein gut aufgeteilter Innenraum, in dem jeder Quadratmeter genutzt wird.

Die Bank, die sich zum Bett umwandeln lässt, wurde von den Schreinern des Ateliers umgesetzt.

BONNIEUX / VAUCLUSE / FRANKREICH

Die Tochter des Luberon

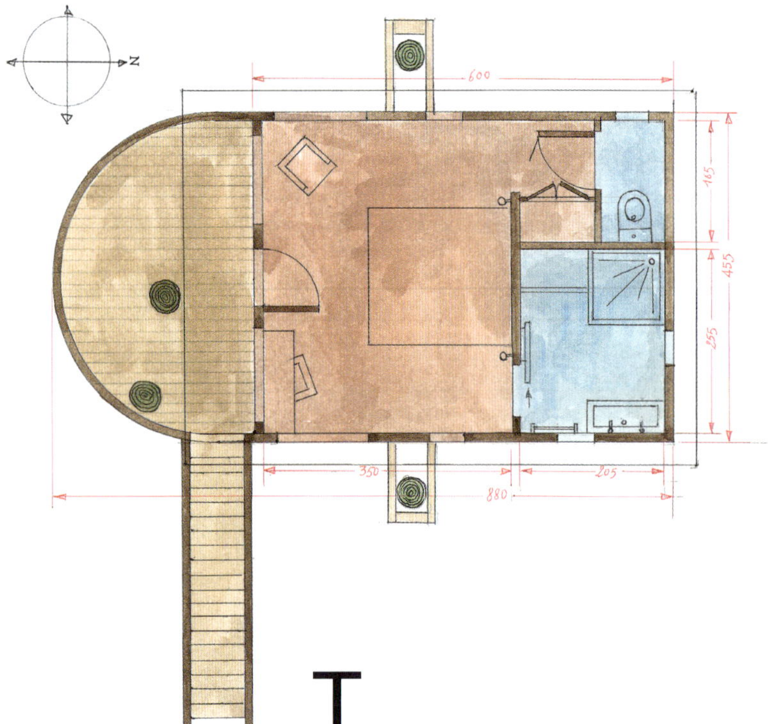

In den Bäumen zu schlafen ist für viele Menschen Sinnbild für ein harmonisches Leben mit der Natur. Aus dem Bewusstsein der Auswüchse unserer Gesellschaft und der Notwendigkeit, unsere Gewohnheiten zu ändern, sind heute zahlreiche Menschen auf der Suche nach einem neuen Gleichgewicht und einem respektvolleren Umgang mit der Umwelt. Die Exzesse des Massentourismus haben dem Einfachen und Authentischen Platz gemacht, ohne dass dabei auf Vergnügen, Komfort und Schönheit verzichtet werden muss.

Als erstes Baumhaus einer langen Reihe weiterer wurde dieses Gästehaus entwickelt, das allen Erwartungen dieser neuen Art Tourismus entsprach. Damit wurde die Möglichkeit geschaffen, in das Herz einer geschützten Landschaft einzutauchen. Auf einem Anwesen mit vierzehn Hektar Trüffeleichen, Lavendel, Kirsch- und

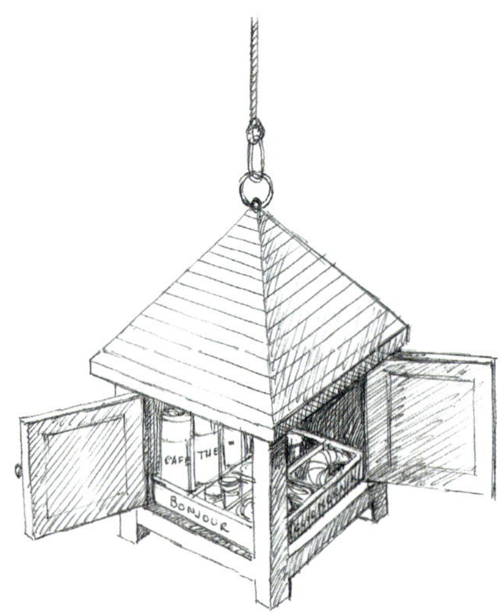

– Baumart: Pinien
– Höhe: 4 m
– Grundfläche des Hauses: 26 m^2
– Grundfläche der Terrasse: 11 m^2
– Verwendung: Gästehaus
– Webseite: www.maisonvalvert.com

Es wird alles getan, damit man sich so wohl fühlt wie in einem geschützten Kokon.

Olivenbäumen wurde das Baumhaus zwischen großen Pinien und zwei Pfählen gebaut. Es besteht aus einer großen Terrasse, die auf das Bergmassiv des Petit Luberon hinausgeht, einem hellen Schlafraum und einem Badezimmer mit abgetrennter Toilette.
Hier ist der Luxus diskret: Die in den Überstand der Bedachung eingelassenen Spots und der Kristallleuchter sorgen für eine gedämpfte Beleuchtung, die Dekoration ist ansprechend, ohne protzig zu wirken. Selbst wenn bei großer Hitze die Klimaanlage eingeschaltet werden kann, geht von diesem Ort zwischen Himmel und Erde ein Gefühl unendlicher Ruhe aus. Nach und nach nimmt sich die Natur ihr Recht, die Sonne zwingt uns ihre Geschwindigkeit auf, und der Rest der Welt scheint hinter dem Horizont zu verschwinden.

»Komfort anders definiert.«

Im Mondschein ...

Das Badezimmer ist eines Grandhotels würdig.

Ein Windhauch hebt die Vorhangzipfel.

Die Beobachtung der Hirschkühe

- Baumart: Eichen
- Höhe: 7 m
- Grundfläche des Hauses: 11 m^2
- Grundfläche der Terrasse: 27 m^2
- Verwendung: Hochsitz

Seit jeher haben Jäger mitten im Wald Hütten errichtet, um den Tieren aufzulauern, ohne dabei gesehen zu werden. Diese mehr oder weniger rudimentären Orte der Beobachtung und zugleich Fluchtorte sind zum Sinnbild einer Lebensart geworden, die Schlichtheit und Respekt vor der Natur miteinander verbindet. In der Sologne, in der die Jagd eine jahrhundertelange Tradition hat, hat ein Landbesitzer eine große Waldlichtung mit Mais bepflanzt, um Hirsche, Hirschkühe und Wildschweine anzulocken. Um sie beobachten zu können, überlegte er sich, über der Wegkreuzung zweier Waldwege in sieben Metern Höhe eine Schutzhütte bauen zu lassen. Aber die beiden dafür vorgesehenen Bäume standen mehr als sechs Meter auseinander. So musste am Rand des Pfades ein dritter Auflagepunkt in Form eines Pfahls errichtet werden, der die Plattform trägt. Um bei diesem Plan mit drei

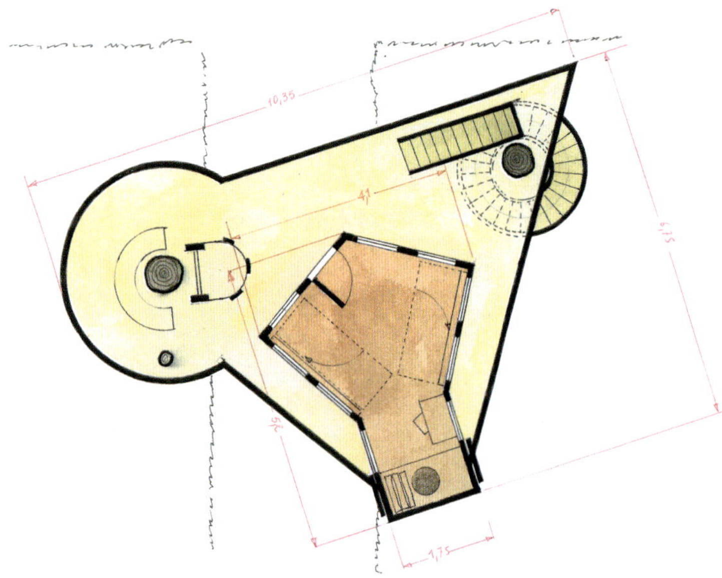

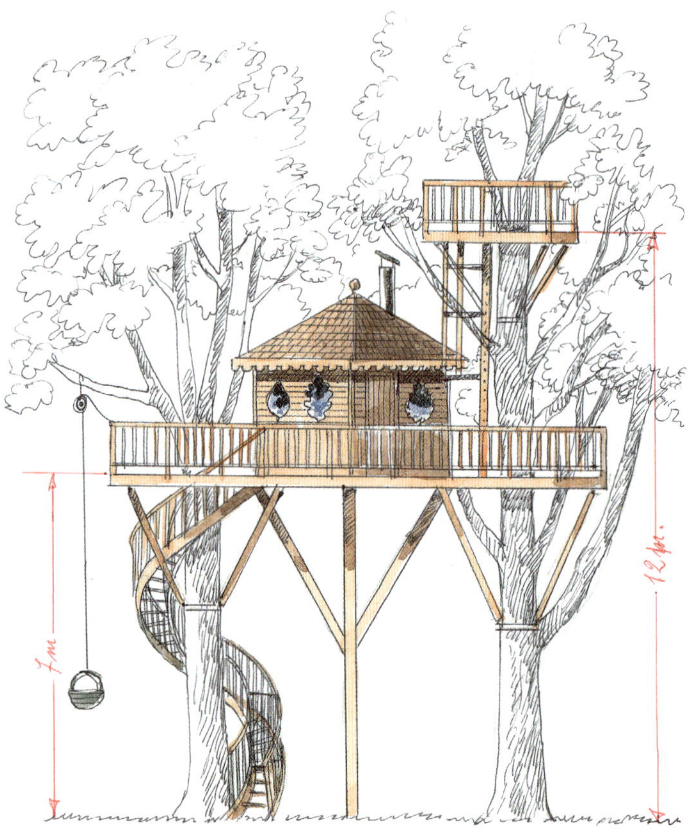

Das über dem Weg schwebende Baumhaus lässt genügend Platz für landwirtschaftliche Fahrzeuge.

Das Baumhaus ist für zwei Personen eingerichtet.

Im Schatten der Eiche ist die Siesta noch angenehmer.

Auflagepunkten das Gewicht der Konstruktion gleichmäßig zu verteilen, musste der fast acht Meter lange den Weg überspannende Träger von einer rechteckigen Konstruktion unterstützt werden. Durch Seile, die einen Gegenzug ausüben, wurde das Werk gesichert.

Der geplante Ausguck, der runde Tisch auf der Terrasse und der Holzofen wurden am Ende nicht realisiert. Aber dieses hübsche Baumhaus, das rustikal eingerichtet ist, verliert dadurch nicht an Charme.

»Die Kunst zu sehen, ohne gesehen zu werden.«

Eine traumhafte Schutzhütte, von der aus das Wild beobachtet werden kann.

Genauigkeit in der Endbearbeitung und stets ein Lachen.

Pierre Nègre
Schreiner

Der Unterschlupf des Eichhörnchens

So wie die Eichhörnchen ihr Nest in den Bäumen bauen, um sich vor Räubern zu schützen, suchen Kinder in einer Hütte Zuflucht, um sich sicher zu fühlen. Selbst wenn sie noch so klein sind, sind sie »bei sich« und erfinden ihre eigenen Regeln. Damit ihre Enkelkinder die kleinen Freuden entdecken können, die ihre eigene Kindheit geprägt hatten, ließ die Besitzerin eines Hauses im Luberon in einer Eiche ein Baumhaus bauen.

Der stabile, aber kleine Baum steht am Rand eines Terrassenbeets. Durch die fehlende Höhe war es nicht möglich, die übliche Konstruktion mit Verbindungsstreben zum Stamm hin umzusetzen. Daher war es nötig, die Konstruktion auf zwei großen Balken zu lagern, die mit Seilen an den oberen Ästen befestigt wurden. Um die Stabilität der Gesamtkonstruktion zu verbessern, wurden zwei Pfähle hinzugefügt, von denen der eine die Wendeltreppe trägt. Dieser Pfahl mündet direkt in der Hütte. Wenn man sie durchquert, gelangt man auf die kleine Terrasse, die über den Rand des Terrassenbeets hinausragt. Das mit Schindeln aus dem Holz der Riesen-Thuja gedeckte Dach, die Zierleiste am Dachüberstand und die Sorgfalt bei der Ausführung machen aus diesem hübschen, einfachen Baumhaus das ideale Nest für die sommerlichen Abenteuer der Kinder.

- Baumart: Eiche
- Höhe: 3 m
- Grundfläche des Hauses: 8 m^2
- Grundfläche der Terrasse: 6 m^2
- Verwendung: Baumhaus für die Kinder

Die Eiche hat sich in einen Spielplatz
für die Kinder verwandelt.

Picknick auf der Terrasse.

»In den Ferien füllt sich das kleine Baumhaus mit Spielsachen und Büchern.«

Ein guter Comic und dann ab ins Bett!

Der Ausguck auf der Rotbuche

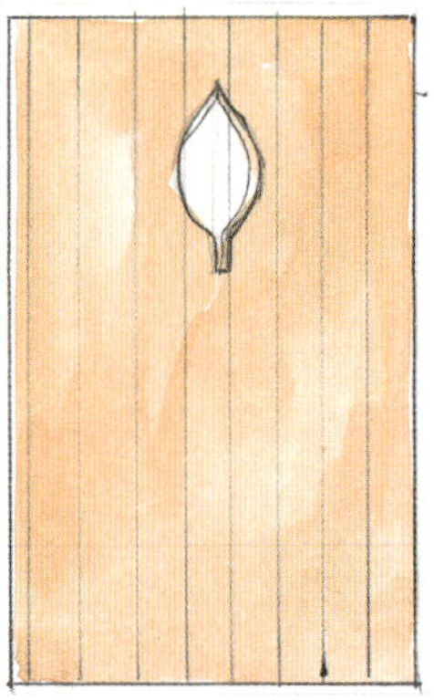

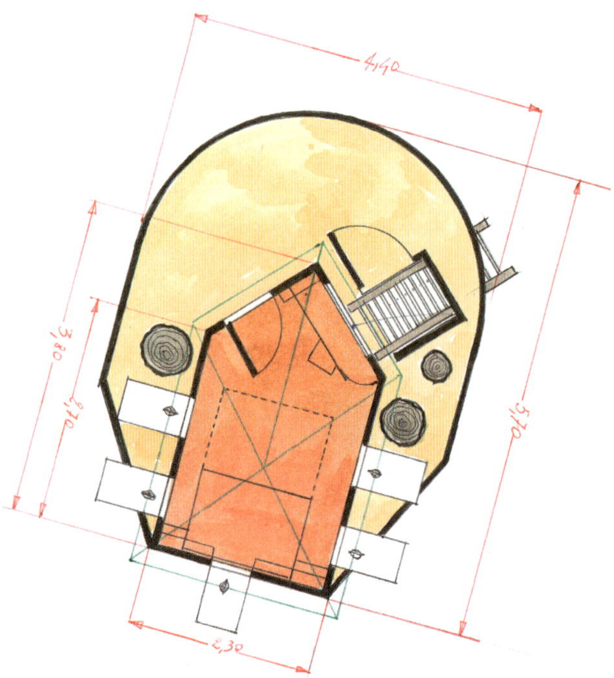

Majestätisch und imposant sind die zweihundertjährigen Bäume, die die Konstrukteure von Baumhäusern manchmal herauszufordern scheinen. In dem Gewirr ihrer dicken Äste scheint es keinen Platz für den kleinsten Unterschlupf zu geben. Die Versuchung wäre groß, ein oder zwei Äste zu entfernen, um sich einen Weg zu bahnen oder sogar eine kleine Auslichtung vorzunehmen, um eine Treppe hindurchzufädeln. Aber die Bäume verlangen, dass wir sie mit Respekt behandeln. Man muss sich also Zeit nehmen, ihre Form und Ausdehnung zu betrachten, und sich fantasievoll zeigen, wenn man ein Baumhaus in der Dichte des Blätterwalds unterbringen will.

- Baumart: Rotbuche
- Höhe: 7,5 m
- Grundfläche des Hauses: 7,35 m^2
- Grundfläche der Terrasse: 10,5 m^2
- Verwendung: geheimer Unterschlupf

Die vielen Fenster erlauben einen herrlichen Blick auf den See.

Nach dem Aufstieg über die Trittstäbe der gesicherten Leiter ist eine Pause auf der Terrasse willkommen.

Am Ufer des Genfersees ist diese zauberhafte Rotbuche, die den Pfad am Ufer überragt, lange Zeit den zahlreichen Vögeln vorbehalten gewesen, die auf dem See leben oder hier auf ihrem Flug in den Süden rasten. Als ein Naturliebhaber beschloss, dort selbst sein Quartier aufzuschlagen, schien das Projekt von vornherein zum Scheitern verurteilt zu sein. Dann zeigte sich jedoch, dass dank der Anordnung bestimmter Äste die Konstruktion einiger bewohnbarer Quadratmeter in mehr als sieben Metern Höhe möglich ist; die Treppe wurde dabei durch eine gesicherte Leiter ersetzt. Und so nahm das Projekt Form an. Nach einer Woche Montage konnte sich die Rotbuche mit einem neuen Bewohner brüsten, dessen Einzug so unauffällig wie möglich stattgefunden hat.

»Im Herbst, wenn das Blattwerk sich mit leuchtenden Tönen schmückt, verändert sich die Kulisse radikal.«

YVELINES / FRANKREICH

Concerto für Platane

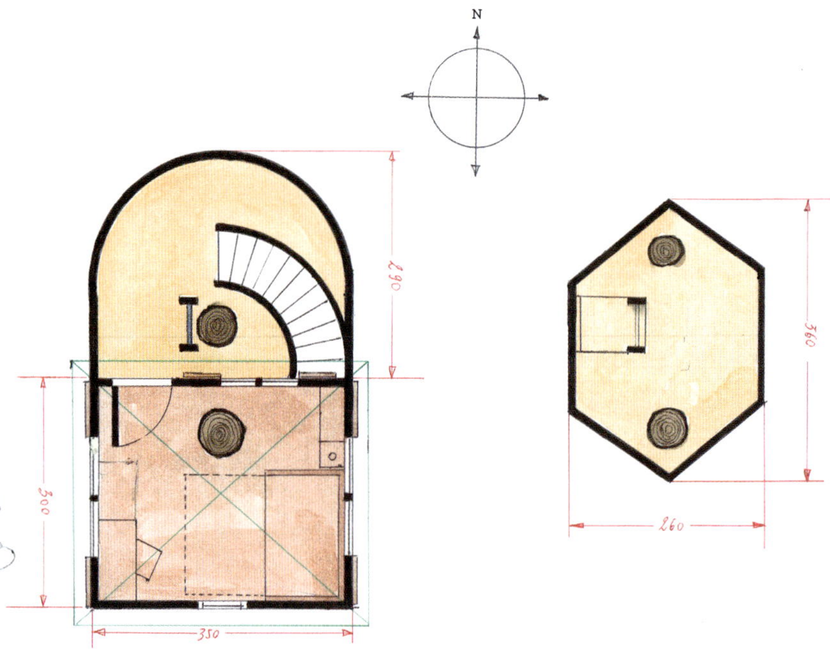

Die in einem Baumhaus verbrachte Zeit ist wie eine Klammer im alltäglichen Leben, die jeder so setzt, wie es ihm am besten passt. Egal wie weit das Baumhaus vom Haus entfernt liegt, ist es doch immer ein Ort, an dem man sich von der Welt befreit fühlt und wo man sich gerne allein dem Lesen, Träumen oder Meditieren hingibt. Im Falle dieses Baumhauses im Südwesten von Paris bestand der Traum des Besitzers darin, sich bequem unter die Krone des Baumes zu setzen, klassische Musik zu hören und eine Zigarre zu rauchen. Für die Konstruktion des Baumhauses, das gut isoliert, elektrifiziert, bequem eingerichtet und mit hochwertigem HiFi-Equipment ausgestattet sein sollte, wurde eine große Platane auserkoren. In sieben Meter Höhe durchstößt der erste Hauptstamm die Terrasse und der zweite den Boden des Baumhauses und verlässt es wieder durch das Dach. Der Stamm ist mit einer Kautschukmembran umwickelt, um die Dichtigkeit der Bedachung sicherzustellen. Die intime Atmosphäre und die Stille im Inneren machen diesen Ort ideal für den Genuss einer Symphonie. Aber an schönen Sommerabenden besteht das Nonplusultra darin, über die gesicherte Leiter sechs Meter höher zu einer

- Baumart: Platane
- Höhe: 7,5 m und 13,5 m
- Grundfläche des Hauses: 8,8 m^2
- Grundfläche der Terrasse: 6 m^2
- Grundfläche der oberen Terrasse: 6,2 m^2
- Verwendung: Zigarren und Musik

Im Sommer ist die Musikterrasse komplett
vom Blattwerk verdeckt.

Die raue Rinde der Platane verläuft durch das Innere
und wird zum dekorativen Element.

Mit dem Seilzug kann von der Terrasse aus
Proviant heraufgezogen werden.

kleinen Terrasse hinaufzusteigen. Dort, im Schutz des Blätterwalds hat sich der Musikliebhaber ein weiches Sofa und eine witterungsbeständige High-Tech-Anlage eingerichtet, deren Kabel entlang des Stammes versteckt wurden. Wenn die ersten Takte einer Oper unter sternenklarem Nachthimmel durch die Äste schallen, scheinen selbst die Nachtmenschen den Atem anzuhalten.

»Ein Konzertsaal unter freiem Himmel in dreizehn Meter Höhe.«

Eine sehr sorgfältig ausgewählte Einrichtung.

Kompetenz, Aufmerksamkeit und Feingefühl.

Aimé Barré
Zimmermann

Die Glücksrolle

Zahlreiche Städter verspüren ein dringendes Bedürfnis, auf den Bäumen das einfache Leben wiederzufinden. Um ihren Durst nach Natur, Ruhe und Einfachheit zu stillen, hat sich ein Paar dazu entschlossen, auf seinem familiären Anwesen in der Loireregion in die hundertjährigen Eichen zwei Gästebaumhäuser bauen zu lassen.

Das erste der beiden Baumhäuser (das zweite siehe Seite 160) wartet mit einem Detail auf, das die Gäste nie vergessen. Wenn sie nach dem Aufstieg in die große Eiche auf ungefähr acht Meter Höhe ein Eichhörnchen in den Bäumen entdeckt, ihre Sachen in dem hellen Zimmer untergebracht und das große Bett getestet haben, treten sie hinaus auf die Terrasse, gehen um den Stamm herum und entdecken dort die Kurbel. Mit wenigen Bewegungen ziehen

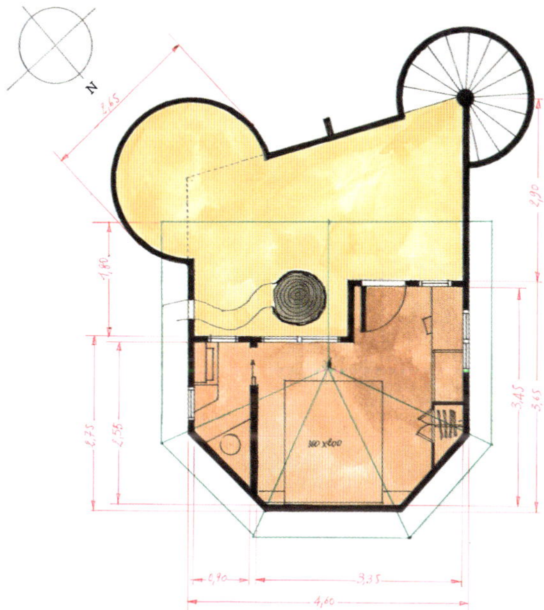

- Baumart: Eiche
- Höhe: 8,2 m
- Grundfläche des Hauses: 11 m^2
- Grundfläche der Terrasse: 12 m^2
- Verwendung: Gästehaus
- Webseite: www.bernardiere.com

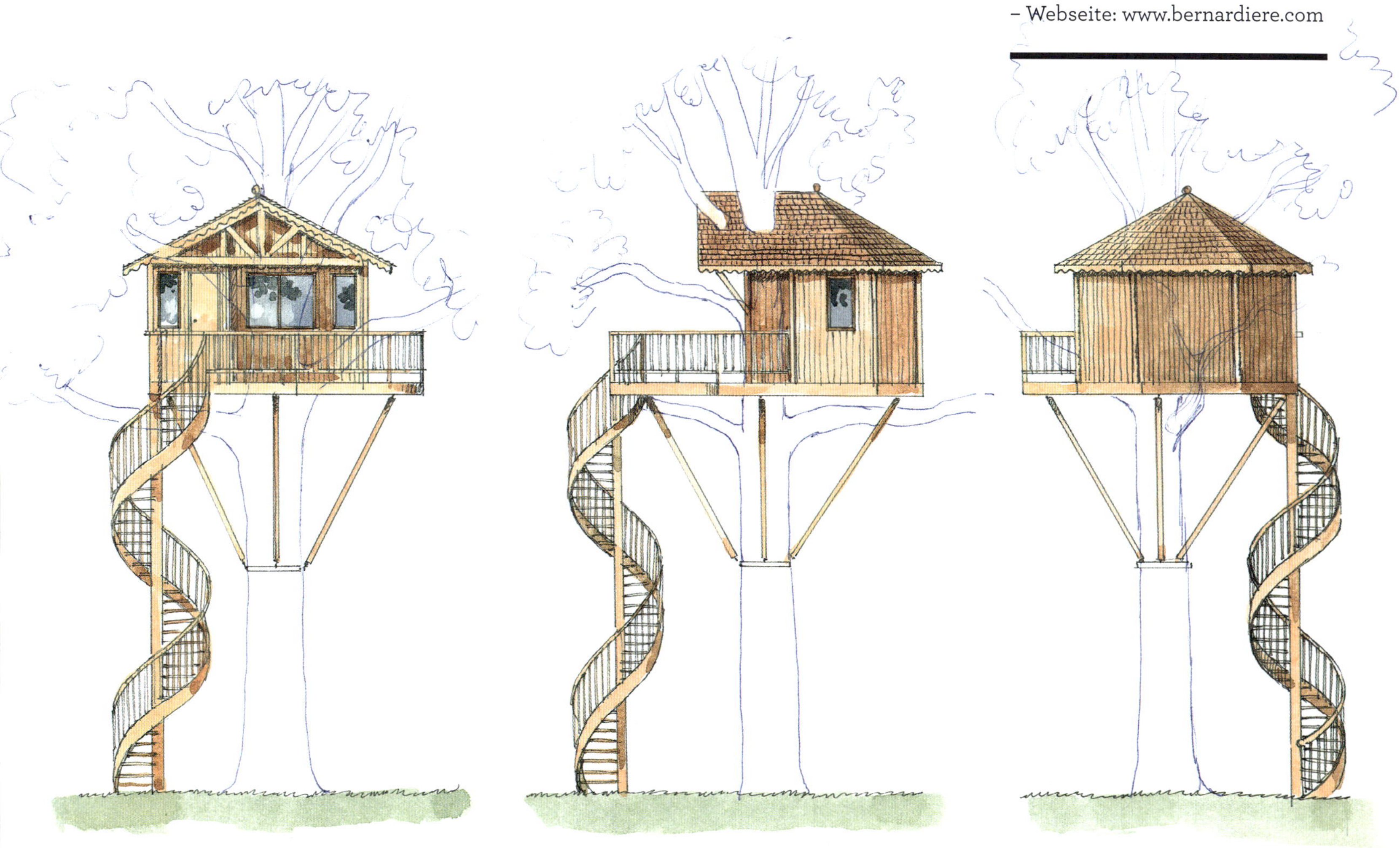

Die Treppe scheint aus der Blumenwiese
herauszuwachsen.

Auf der Terrasse steht man in Zwiesprache
mit der alten Eiche.

Von innen gesehen: Weitwinkelperspektive
auf die Natur.

sie einen kleinen Korb über den Seilzug hinauf, in dem sie ihr Abendessen vorfinden, das sie dann im Schutz des Vordachs und in der Stille des Waldes verspeisen. Die Bedienung der hübschen antiken Kurbel aus einem Gebrauchtwarenladen katapultiert sie zurück in alte Zeiten und direkt in die Welt der Fantasie. Plötzlich ist der Alltag weit weg, in dem die Einkäufe mit einem einfachen Klick über das Internet erledigt werden. Hier öffnet sich der Raum für eine Welt, in der man an einem Seil ziehen muss, um seine Mahlzeit zu erhalten. Jedes Mal, wenn sie in ihrem Korb ihren Aperitif oder ihr Frühstück entgegengenommen haben, haben sie den Abstand vom Boden mit körperlicher Kraft überwunden. Und ein seltsames Gefühl von Leichtigkeit und Freiheit überwältigt sie.

»Ferien im Einklang mit der Natur.«

Das Chalet im Bergahorn

- Baumart: Bergahorne
- Höhe: 4,5 m
- Grundfläche des Hauses: 5,3 m^2
- Grundfläche der Terrasse: 9,5 m^2
- Verwendung: Tee und Schokolade

Auch wenn Hindernisse die Kreativität fördern, werden manche Konstellationen zu einem Geduldsspiel. Ein kleines Wäldchen mit fünfzehn Stämmen erfordert eine besondere Konzentration, um herauszufinden, wie ein Baumhaus zwischen ihnen »hindurchgefädelt« werden kann. Vor einem schönen Chalet in den Waadtländer Alpen hat diese spezielle Situation zu einem Baumhaus in Form eines Schlüssellochs geführt: Ein sechseckiger Raum mündet in einen kleinen Flur. Dieser führt zu einem winzigen runden Salon, in dem eine Sitzbank an der Wand angebracht ist. Als das Problem der Grundfläche gelöst war, musste noch eine Lösung für das Dach gefunden werden. Es wurde mit Fichtenschindeln gedeckt, mit denen komplexere Formen gestaltet werden können als mit den üblichen Schindeln aus dem Holz der Riesen-Thuja. Dabei ist es nicht einfach, ein gerades an ein rundes Dach anzuschließen. Besonderer Wert wurde auch auf die Endbearbeitung, die Innenausstattung und die Ausstattung der Terrasse gelegt, die von der Architektur des Chalets inspiriert ist. Sommers wie winters können die Besitzer in diesem prächtigen Baumhaus Zuflucht nehmen, den Ofen einheizen und die Aussicht bewundern.

4,20
3,00
1,65
4,00
1,50

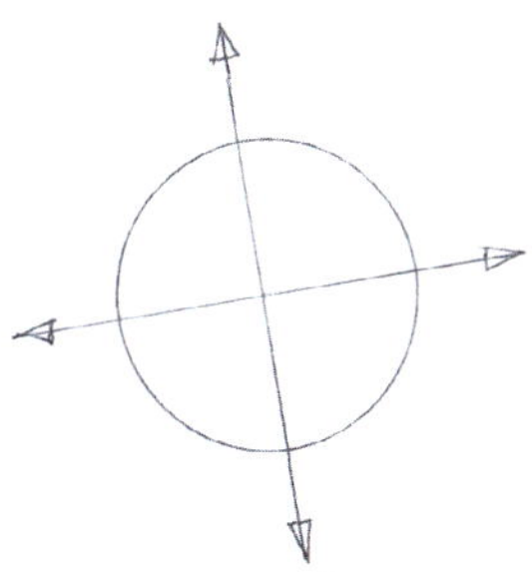
N

LUXURY TOYS

Im Winter wird dieses kleine Zimmer vom brennenden Feuer im Ofen herrlich gewärmt.

Die Konstruktion eines Baumhauses in diesem Wäldchen war eine große Herausforderung.

»Ein kleines Häuschen mit einem einzigartigen Blick auf die verschneiten Berggipfel.«

Einmalig: eine Nacht in den Bergen in einer perfekt isolierten Hütte.

Baumhaus der Federn und Äpfel

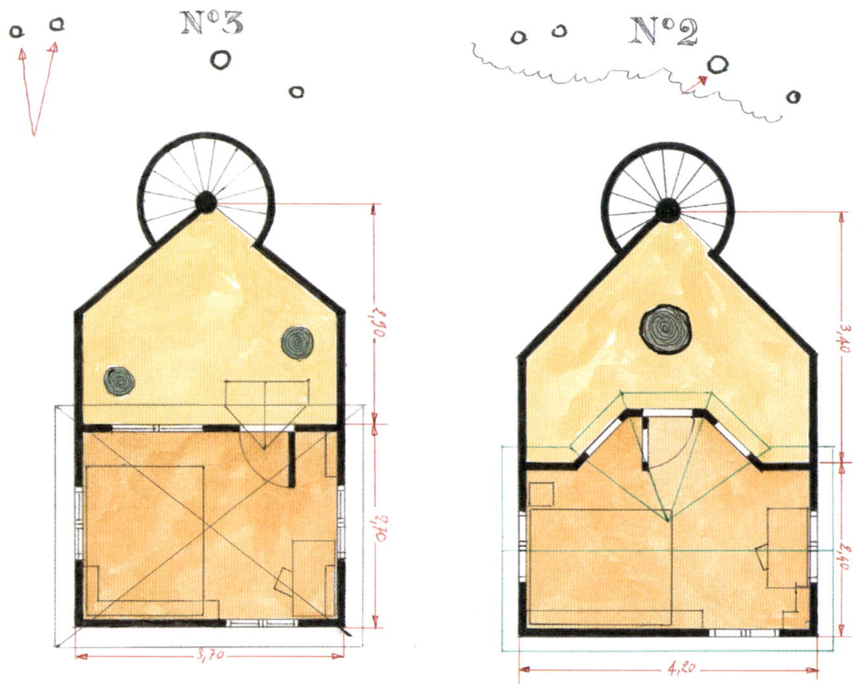

Nicht richtig in der Stadt, nicht richtig auf dem Land – die Gärten der Region Paris spielen ein doppeltes Spiel. Ungefähr fünfzehn Kilometer von der Hauptstadt entfernt unterhält eine passionierte Natur- und Pflanzenfreundin diesen Garten. Sie hat mit ihm versteckt zwischen Bäumen eine Insel des Friedens geschaffen. Neben dem großen Haus der Familie hat sie sich ein kleines Baumhaus errichten lassen, in das sie sich zurückzieht, um im Einklang mit dem benachbarten Apfelhain Inspiration und Ruhe zu finden.

Der erste Entwurf fand gleich Anklang. Die Treppe windet sich dabei um eine erste Eiche und mündet in eine beinahe fünf Meter lange schmale Brücke, die einen wunderbaren Blick über die Spalierapfelbäume bietet, mit den Dächern von Paris und dem Eiffelturm im Hintergrund. Im Sommer ist der kleine Salon auf der Gartenterrasse ein idealer Ort zum Frühstücken, für einen Aperitif oder einfach nur zum Träumen. Der Innenraum, der durch die großen Aluminiumfenster

N°1

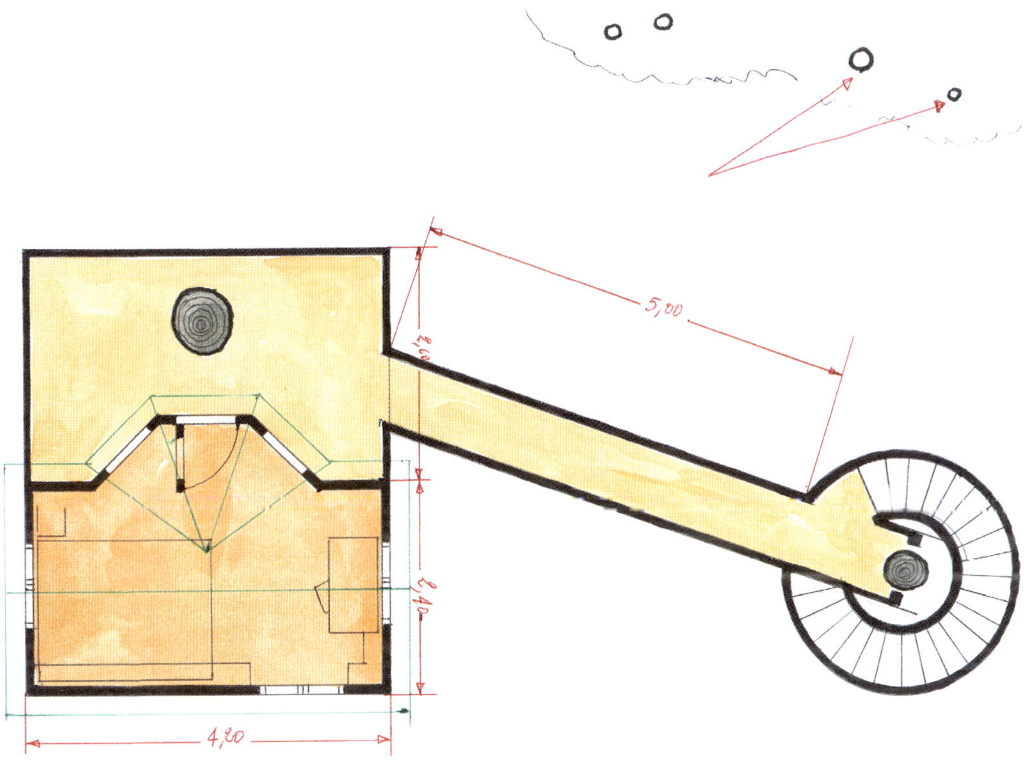

- Baumart: Eichen
- Höhe: 6 m
- Grundfläche des Hauses: 10,4 m^2
- Grundfläche der Terrasse: 8,9 m^2
- Verwendung: geheimer Garten und Rückzugsort

N°1

Dachschindeln und Fassadenverkleidung bestehen aus dem Holz der Riesen-Thuja.

»Im Baumhaus tragen die Federn der Jivaro-Indianer die Gedanken davon ...

Der Seilzug, ein unumgängliches Hilfsmittel für den sommerlichen Drink.

Das große doppelt verglaste Fenster öffnet das Baumhaus zur Außenwelt.

gut isoliert ist, spiegelt den Charakter der Besitzerin wider. Die Werke der Künstlerin Katharina Leutert mit ihrer von den Jivaro-Indianern inspirierten Malerei auf Holz schmücken die Wände, und die warmen Farben der Kissen und Leuchten schaffen eine intime und beruhigende Atmosphäre. Die von Pierre im Atelier hergestellte Sitzbank lässt sich sogar in ein Bett verwandeln, sodass Freunde auf der Durchreise dort übernachten können.
Dieses erste Baumhaus ist vollständig der Introspektion und der Meditation gewidmet. Mit einer Gartenhütte quasi zu ebener Erde hat sich die Besitzerin einen weiteren Traum erfüllt. Dort verstaut sie ihre Gartenwerkzeuge, legt die Äpfel auf Gitterroste und vergisst die Hektik der Stadt.

... und in der Hütte der Äpfel im Garten sind die Füße fest geerdet.«

Gartenutensilien als improvisierte Skulptur.

Ein Traum von einem Gartenhaus.

Die Schreiner des Ateliers sind damit beauftragt worden, die Inneneinrichtung umzusetzen.

Zuverlässigkeit, Neugier und ein singender Tonfall.

Marius Piquet
Schreiner

Die Äskulapnatter

- Baumart: Eiche
- Höhe: 7 m
- Grundfläche des Hauses: 9 m^2
- Grundfläche der Terrasse: 7 m^2
- Verwendung: Maleratelier

In der griechischen Mythologie trennt sich Asklepios, Sohn des Apollon und Gott der Heilkunst, nie von der Natter, die sich eng um seinen Stab wickelt. Hat dieses Reptil als Symbol der Erde und der Erneuerung des Lebens – und im Äskulapstab Kennzeichen der Ärzte und Apotheker – zum Bau dieser langen Treppe inspiriert, die sich um eine Eiche windet? In einer fast lasziven Bewegung umwindet sie den Stamm so wie Evas Schlange in mittelalterlichen Darstellungen der Schöpfungsgeschichte. Als langes Band aus leicht rosa getöntem Holz ergänzt sie die Silhouette des Baumes und ermöglicht, eine kleine, sonnenbeschienene Terrasse zu erreichen. Um den extrem langen Treppenaufgang zu konstruieren, haben die Spezialisten im Atelier, Ghislain und Aimé, zunächst am Computer mit einer 3D-Software Pläne entworfen. So konnten sie die exakte Form eines jeden Teils genau festlegen. Da der Stamm der Eiche ziemlich lotrecht ist, konnten die Stufen relativ nahe an den Stamm herangesetzt werden, was die Illusion der sich um den Baum windenden Treppe bewirkt. Anschließend wurden die Teile jeweils in

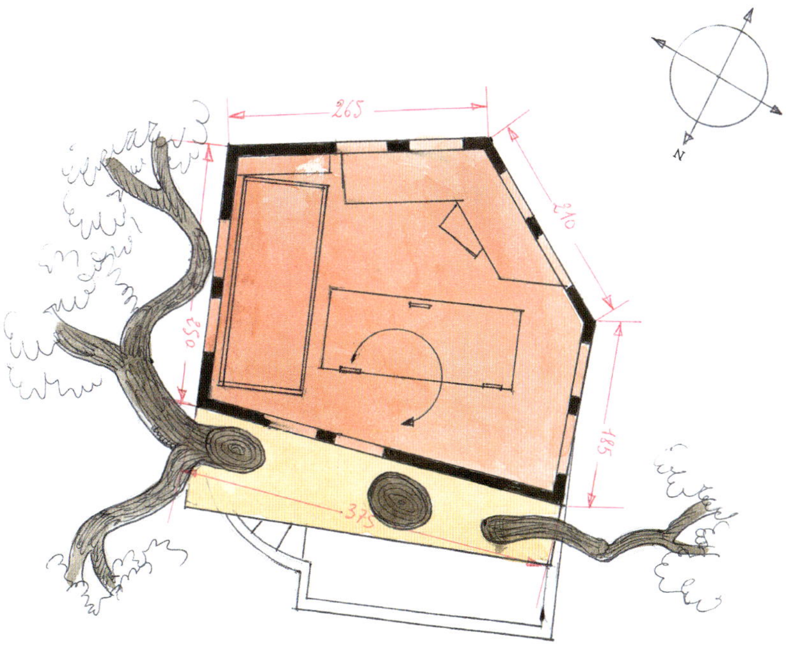
265
210
250
185
375

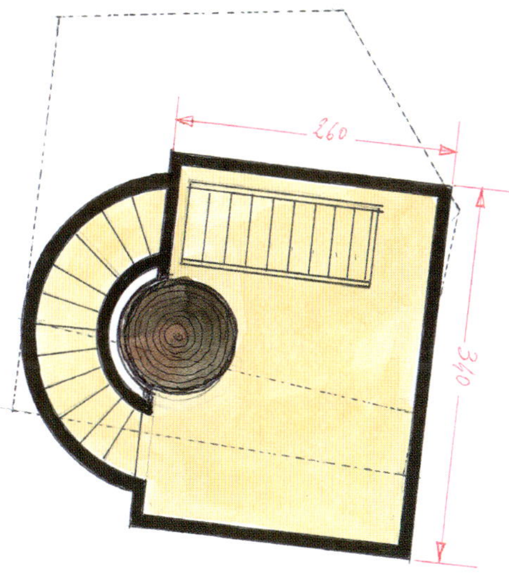
260
340

»Die Wendeltreppe windet sich schlangengleich um den Baum.«

Die große Eiche trägt das Gewicht des Baumhauses ohne Schwierigkeiten.

Das Baumhaus ist immer in Richtung des schönsten Ausblicks ausgerichtet.

Der Innenraum wurde wie ein Maleratelier eingerichtet, mit großen Fenstern und einer großen Arbeitsfläche.

einer Form nach Maß aus Schichtholz, das heißt abwechselnd eine Lage Holz und eine Lage Leim, angefertigt, um dann zwei Tage lang mit Schraubzwingen zusammengepresst zu werden. Nach dem vollständigen Austrocknen wurden die Einzelteile aus der Form entnommen, von Hand bearbeitet und schließlich vor Ort zusammengebaut.
Als sich der Besitzer zwei Monate später noch einige Veränderungen am Aufgang zur Terrasse wünschte, konnten die neuen Einzelteile wiederum am Computer entworfen und die oberen Stufen ausgetauscht werden, ohne die übrigen Teile des Baumhauses anzutasten.

Ein schwindelerregender Aufstieg.

SAVOIE / FRANKREICH

Der Traum der Zwillinge

- Baumart: Lärchen
- Höhe: 2 m
- Grundfläche des Hauses: 6,5 m²
- Grundfläche der Terrasse: 10 m²
- Verwendung: Spielhaus für Kinder

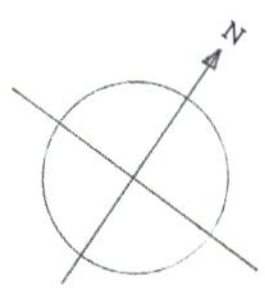

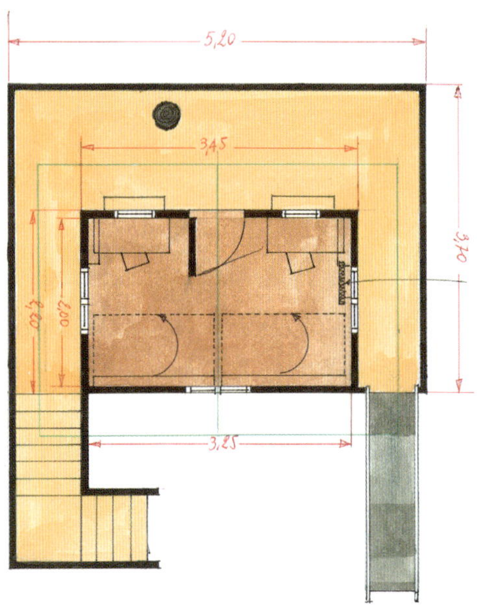

Hütten sind unvergessliche Erinnerungen an unsere Kindheit, egal ob aus Karton gebaut, mit Laken, die zwischen zwei Gartenstühlen aufgespannt werden, oder unter der Bettdecke. Vom Kindergartenalter an bauen die Jüngsten ihr eigenes Universum und spielen dort in der abgetrennten, geschützten Umgebung die Welt der Großen nach. Etwas später kommt die Zeit der ersten eigentlichen Konstruktionen, vielleicht im hinteren Teil von Großvaters Garten. Dort bauen sie ihren Unterschlupf fern der Welt der Erwachsenen, mit oder ohne deren Hilfe.
Um seinen beiden Enkelinnen eine Freude zu machen, ging ein großzügiger Geschäftsmann noch weiter. Er ließ nur für sie eine Hütte auf Pfählen bauen und zwar ein regelrechtes Abbild seines savoyischen Chalets als Miniatur. Die Einzelheiten des Bauwerks wurden genau übernommen, so wie die Motive in den Fensterläden, am Geländer und in der Zierleiste des Dachüberstands. Dieses hübsche Spielhaus steht am Rand des

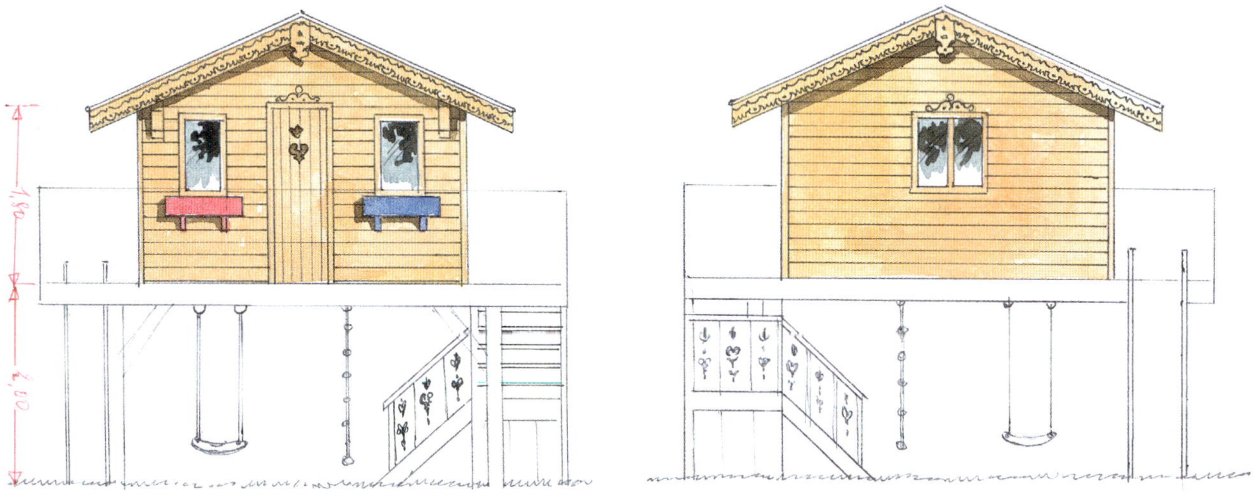
1,80
2,00

Das Geländer des Minichalets ist in eine Schneeschicht gehüllt.

Gartens an Lärchen angelehnt, von denen eine zur besonderen Freude der Zwillinge den Boden der Terrasse durchsticht. Die Innenausstattung beinhaltet ein Spielzimmer mit zwei Schreibtischen zum Spielen und Malen und zwei Schlafsofas zum Ausruhen. Über die Rutsche von der Terrasse können die Kleinen ihre Hütte wieder verlassen und auf der darunter angebrachten Schaukel weiter träumen und Geschichten erfinden.

»Die Hütte bietet den Kindern einen Freiraum, der ihre Fantasie anregt.«

Man fühlt sich wie in einem Märchen von Hans Christian Andersen.

Die Treppe wurde schließlich ganz eng an die Rutsche gesetzt.

Das allgegenwärtige Holz strahlt eine warme Atmosphäre aus.

CHOLET / MAINE-ET-LOIRE / FRANKREICH

Bei den Seidenreihern

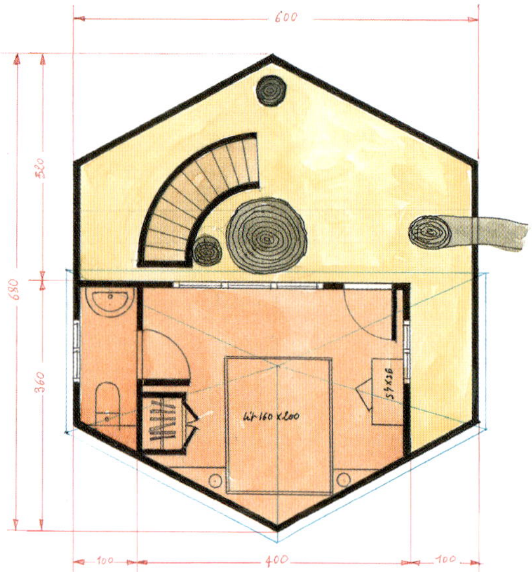

Über eine Allee mit majestätischen Eichen und einen Feldweg, der zu einem Teich führt, der von Reihern, Seidenreihern und Enten bevölkert wird, erreicht man das zweite Baumhaus auf dem Familienbesitz in der Loireregion, das als Gästehaus dient (siehe auch Seite 132). Dafür hat Daniel eine schöne, fast zweihundertfünfzig Jahre alte Eiche ausgewählt, die sich durch ihre elegante Verästelung und ihren idealen Standort am Wasser auszeichnet. Zuerst mussten zahlreiche Maße genommen werden, bevor klar war, wie man eine Plattform von ungefähr dreißig Quadratmetern zwischen den Ästen des Baumes platzieren konnte, ohne ihn zu verunstalten oder auch nur den kleinsten Zweig zu entfernen. Die Suche nach dem besten Platz dafür nahm einige Zeit in Anspruch. Die Treppe, die im Atelier aus Schichtholz geformt wurde, besteht aus zweiunddreißig Stufen, die auf eine spitz

- Baumart: Eiche
- Höhe: 6 m
- Grundfläche des Hauses: 14,3 m^2
- Grundfläche der Terrasse: 16 m^2
- Verwendung: Gästehaus
- Webseite: www.bernardiere.com

In der Nacht quaken die Frösche im benachbarten Teich.

Durch die Zweige sieht man die Fische springen.

Die morgendlichen Besucher.

zulaufende Terrasse führen. Dort lassen die drei Hauptäste und der Stamm gerade ausreichend Platz, um zwei Liegestühle in die Sonne stellen zu können. Von innen ist das Zimmer isoliert und komfortabel, aber schlicht ausgestattet mit Komposttoilette, rundem Waschbecken und kleiner Wasserreserve im Badezimmer. Beleuchtet wird das Baumhaus mit Kerzenlicht, damit das rustikale Ambiente erhalten bleibt, das die Magie des Lebens in den Bäumen ausmacht.

»Die Welt vergessen und die Natur erleben.«

Das Haus des Barons

- Baumart: Eiche
- Höhe: 9 m
- Grundfläche des Hauses: 10 m²
- Grundfläche der Terrasse: 12 m²
- Verwendung: Schwatz mit den Eichhörnchen

Mit zwölf Jahren klettert Cosimo Piovasco di Rondò auf einen Baum, um einem Schneckengericht zu entfliehen, und beschließt, nie wieder herunterzusteigen. Der Held des Romans »Der Baron auf den Bäumen« von Italo Calvino beweist Charakterstärke und außergewöhnliche Hartnäckigkeit. Er verbringt sein ganzes Leben von Baum zu Baum spazierend und erteilt damit seinen Zeitgenossen eine außerordentliche Lektion in Sachen Freiheit und Weitsicht. Er sagt: »Um die Erde richtig zu sehen, muss man sie aus etwas Entfernung betrachten.«

Die Abenteuer des auf den Bäumen lebenden Philosophen, die die Gründung des Unternehmens La Cabane Perchée inspiriert haben, animierten die Mitarbeiter dazu, dieses Baumhaus bei Genf mit einer langen Treppe auszustatten, die zwischen den beiden Eichen hin und her pendelt. Die untersten Stufen wickeln sich um einen benachbarten Stamm des tragenden Baumes, bevor die Treppe in eine schmale Brücke mündet, die es erlaubt, kurz innezuhalten und aus fast fünf Metern Höhe den Garten zu betrachten. Anschließend führt eine durch einen zusätzlich gesetzten Pfahl

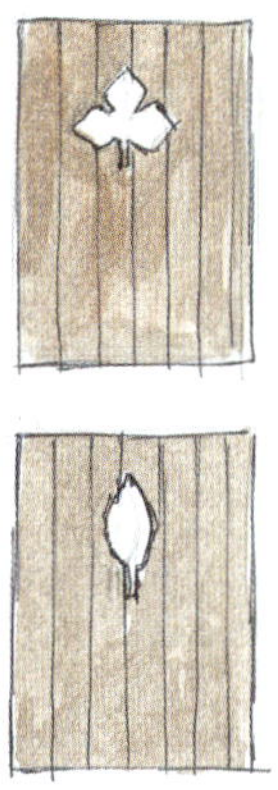

9 m
4,30

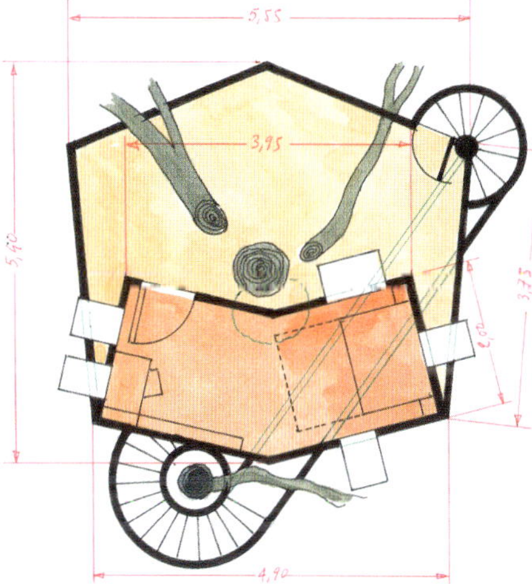
5,55
3,95
5,40
3,75
2,00
4,90

Die Brücke erlaubt einen Etappenhalt und bereitet auf die Ankunft auf der Terrasse vor.

»Cosimo schaute sich die Welt von seinem Baum aus an: Von dort oben sah alles anders aus.«

Bei rustikalen Baumhäusern werden Fenster mit hölzernen Fensterläden bevorzugt.

gestützte Wendeltreppe bis in die höchsten Äste der großen Eiche. Der Aufstieg in drei Etappen lässt den Übergang von der »Welt dort unten« in »die Welt der Bäume« besonders intensiv erleben und genießen. So wie Cosimo die sozialen Zwänge und die Mittelmäßigkeit auf dem Boden zurückließ, um sein Ideal zu erreichen, legen die Gäste des Baumhauses ihre Sorgen am Fuß der Treppe ab und erheben sich in ein abgetrenntes Universum, in dem sie fern von ihresgleichen schlafen, schreiben, ruhen oder meditieren können und nur von Besuchen der Eichhörnchen und Vögel gestört werden.

Italo Calvino, Der Baron auf den Bäumen, 1957

Ein Bett, ein Schreibtisch, Kerzen und einige gute Bücher – mehr braucht es nicht.

LA CROIX-VALMER / VAR / FRANKREICH

Eine schwebende Auszeit

In einem Baumhaus wird die Freude daran, mit sich selbst allein oder mit denen, die man mag, zusammen zu sein, viel greifbarer. Ob als Ort des Alleinseins oder der Veränderung, der Stille oder des geteilten Lachens, das Leben in einem Baumhaus verstärkt das Gefühl der Vertrautheit und der Verbundenheit. Baumhäuser lassen Verliebte träumen, aber auch Familien entspannen: Die Eltern suchen dort eine Möglichkeit des einfachen Lebens in Harmonie mit der Natur, während die kleinen Kinder im Schutz eines hölzernen Kokons ihre Fantasiewelt ausleben.

An der Côte d'Azur besaßen die Eigentümer eines wunderbaren Hotels zwischen Weinbergen, Obstwiesen und Rosengärten bereits ein Baumhaus mit sechzehn Quadratmetern in einer hundertjährigen Eiche, in dem sich Paare in Zweisamkeit zurückziehen konnten. Aufgrund der nicht abreißenden Nachfrage von Eltern mit kleinen Kindern gaben sie eine zweite Hütte in Auftrag, die für eine vierköpfige Familie geeignet sein sollte. Eine riesige Eiche in der Nähe der Weinreben schien ideal, um eine große Hütte sowie eine Terrasse auf Pfählen mit einer Gesamtfläche von mehr als fünfzig Quadratmetern zu beherbergen.

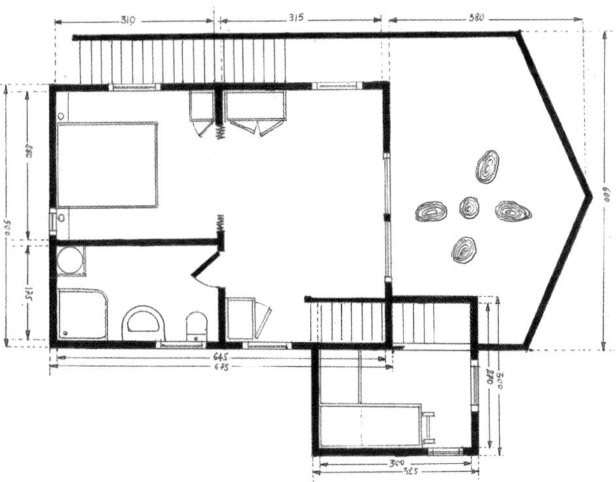

- Baumart: Eiche
- Höhe: 3,4 m und 5,8 m
- Grundfläche des Hauses: 35,5 m^2
- Grundfläche der Terrasse: 18,4 m^2
- Verwendung: Gästehaus für Familien
- Webseite: www.chateauvalmer.com

Im Wohnzimmer mit mehr als dreizehn Quadratmetern kommt die Familie zusammen.

Ein Baldachin überspannt das große Bett im Zimmer der Eltern.

Um für alle Familienmitglieder eine gewisse Privatsphäre zu gewährleisten, hat Daniel den Raum auf zwei Ebenen aufgeteilt: Die eine Ebene umfasst ein Wohnzimmer, ein Badezimmer mit Badewanne und ein Zimmer für die Eltern. Das Kinderzimmer befindet sich auf der zweiten Ebene weiter unten, die über eine kleine Innentreppe erreichbar ist. Pierre hat das Baumhaus in rustikalem Stil möbliert, unter anderem mit Schränken und einem Etagenbett. Im Schatten der Zweige überragt eine geräumige Terrasse die Gärten. Sie treibt sozusagen auf einem Meer von Grün mit dem Duft der Provence. Ein wahrer Ferientraum!

»Spielerisch die Orientierung ändern, um wieder an das Wesentliche anzuknüpfen.«

Das große Baumhaus ist vom Blattwerk der Eiche verdeckt.

Eine Etage weiter unten befindet sich das
Kinderzimmer mit Schränken und Etagenbett.

Das warme Holz, die liebevolle Dekoration, nichts ist dem Zufall überlassen.

Aufgeschlossenheit, Beharrlichkeit und ein Lächeln.

Zsolt Nyerges
Zimmermann

Mit dem Bug durch die Binsen

Wie kann man in einem kleinen, landschaftlich gestalteten Garten einen Platz schaffen, an den man sich zurückziehen kann? Und wie ist es möglich, inmitten der wallonischen Landschaft eine Atmosphäre von Abwechslung und Exotik zu bewirken? Auf diesem hübsch hergerichteten Grundstück eines Pflanzenliebhabers entfalten sich am Ufer eines kleinen, mit Seerosen bedeckten Teichs zahlreiche Wasserpflanzen. Um aus dieser untypischen Umgebung Nutzen zu ziehen, drängte sich der Gedanke auf, hier eine Hütte zu errichten, und zwar nicht in den Bäumen, sondern auf großen Pfählen am Wasser. Zwei dieser Pfähle sollten auf festem Boden und die beiden anderen mit den Füßen im Wasser stehen. Durch diese Anordnung schiebt sich die abgerundete Terrasse wie der Bug eines Schiffes über das Wasser. So entsteht der Eindruck, wie wenn man die Binsen durchquert und sich den Weg durch die Wellen bahnt.
Auf seinen ersten Skizzen entwarf Daniel eine sechseckige Hütte, was den Eindruck der Exotik verstärkt hätte. Aber durch diese Konstruktion wäre zu viel Platz verloren gegangen, und so wurde in Abstimmung mit der Besitzerin eine klassischere Variante vorgeschlagen. Bei diesem Vorschlag wurden sechs Quadratmeter gewonnen, die jetzt eine kleine Küche und ein Badezimmer beherbergen. Die scheinbar schwimmende Hütte, deren breite Dachüberstände ihr fast einen asiatischen Anstrich geben, hat den Garten nach ihrer Fertigstellung vollkommen verändert. An manchen Sommertagen, wenn man die Hütte durch das Blattwerk entdeckt, glaubt man sich fast in Thailand.

- Höhe: 3 m
- Grundfläche des Hauses: 18,5 m^2
- Grundfläche der Terrasse: 28 m^2
- Verwendung: Gartenhaus und Rückzugsort

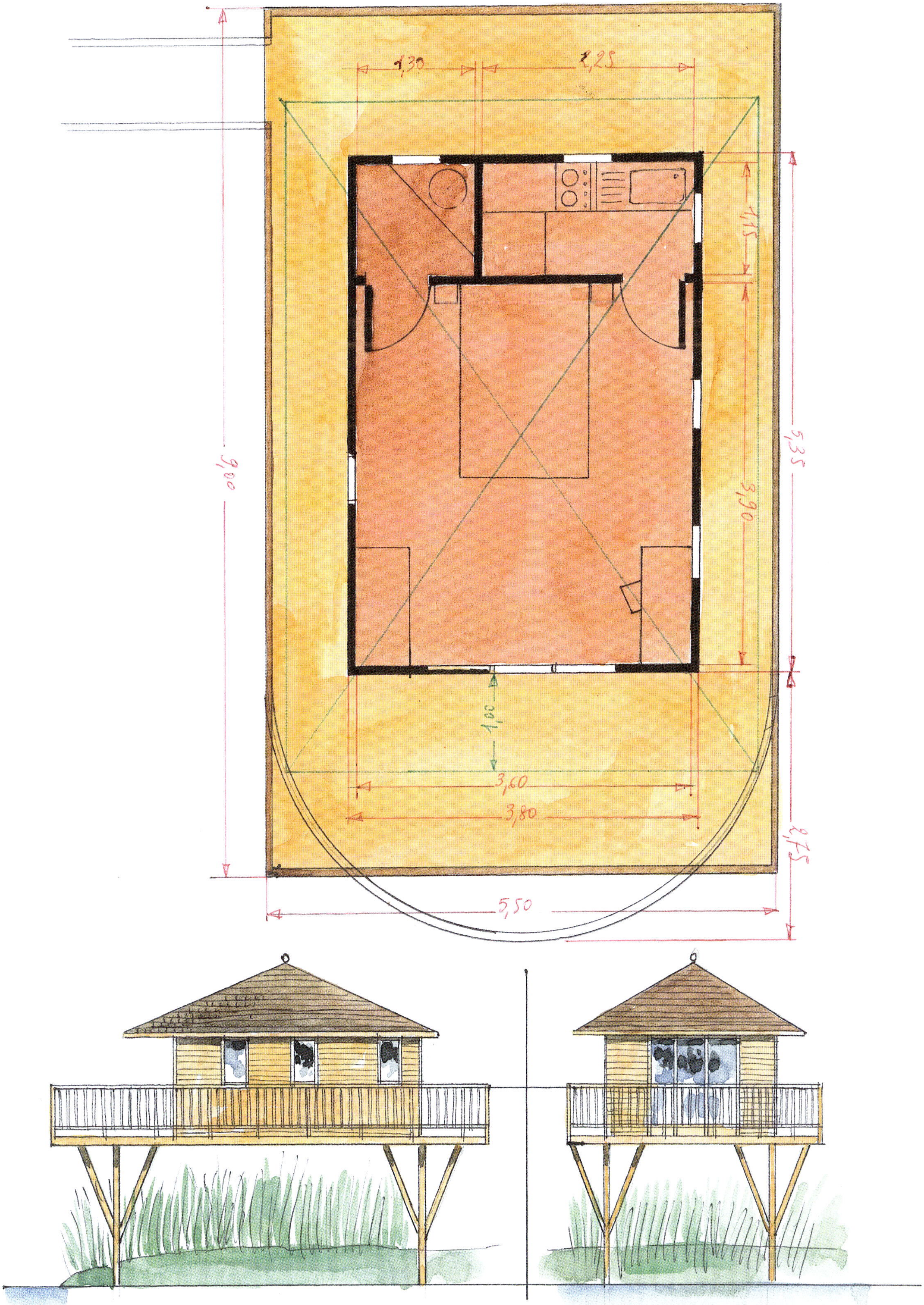
1,30
2,25
1,15
3,90
5,35
9,00
1,00
3,60
3,80
2,75
5,50

»Die Hütte lädt zu einer Reise ein. Sie erscheint wie eine Insel des Glücks mitten im Garten.«

Die abgerundete Terrasse aus Schichtholz wurde vollständig von Hand hergestellt.

Der breite Dachüberstand spendet auf dem schmalen Gang Schatten.

Die Hütte hat ihren Platz mitten in den Binsen
am Teich gefunden.

Die Schöne und der Pinienwald

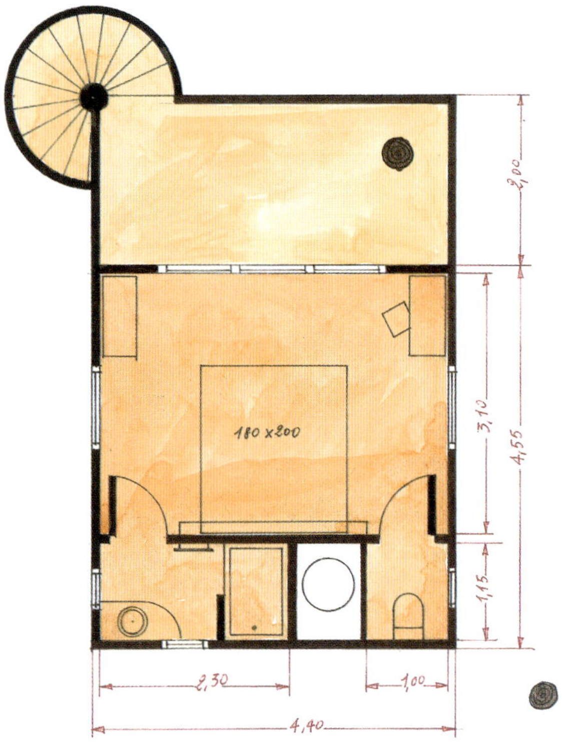

Eine Hütte in einem Baum ist ganz einfach ein weiteres vom Haus unabhängiges Zimmer. Der mehr oder weniger abgeschlossene Raum erlaubt es, sich vom familiären Treiben abzugrenzen, oder räumt Jugendlichen, Paaren und Freunden auf Besuch ein wenig Autonomie ein. Im Herzen der Provence, in einer Landschaft, die der Malerei Cézannes würdig wäre, wurde ein großer, mit Pinien und Olivenbäumen umstandener Bauernhof in schlichtem Stil restauriert und soll während der gesamten warmen Jahreszeit eine große Familie beherbergen. In dem sehr geräumigen Haus können zwar einige Gäste untergebracht werden. Die Besitzer hatten jedoch den Wunsch, Gästen die Möglichkeit zu bieten, die Nacht ganz für sich am anderen Ende des Landsitzes in einer komfortabel eingerichteten Suite in fünf Metern Höhe zu verbringen.
In einem ersten Entwurf sollte die Hütte auf drei

- Baumart: Pinie
- Höhe: 5 m
- Grundfläche des Hauses: 18 m²
- Grundfläche der Terrasse: 9 m²
- Verwendung: Zimmer für Freunde

Inmitten des Pinienwäldchens steht das Häuschen sicher auf vier Beinen.

Am frühen Morgen ist der Blick über die Landschaft eine wahre Freude.

Hinter dem Kopfende des Bettes verbirgt sich ein Waschraum ganz aus Holz.

Pfählen stehen und sich als viertem Auflagepunkt auf eine mehr als zehn Meter hohe Pinie stützen. Der Besitzer hielt diesen Plan jedoch für zu gefährlich, denn die Böen des Mistrals können die größeren Bäume der Region leicht zum Kippen bringen. Also wurden zwei stabile tragende Gerüste gebaut, um den Bau zu stützen, und die große Pinie musste sich mit einer rein dekorativen Rolle zufriedengeben. Sie bricht jedoch durch den Terrassenboden und spendet so Schatten und Schutz. Die Wendeltreppe wurde um einen zusätzlichen Pfosten gebaut. Hinter dem riesigen Panoramafenster befindet sich ein schönes Schlafzimmer, ein Badezimmer in Holz mit einer Dusche und einem beheizbaren Handtuchhalter. Im Sommer wecken die Zikaden im Pinienwald die Gäste.

»Das Baumhaus bietet ein lauschiges Plätzchen, an dem die Stille nur vom Zirpen der Zikaden gestört wird.«

PUIGPUNYENT / MALLORCA / SPANIEN

Ein Aussichtspunkt mit Allüre

Als Teil und Erweiterung des Baumes werden Baumhäuser üblicherweise ganz aus Holz gefertigt. Doch auch mit Metall als zusätzlichem Element kann das Ergebnis erstaunlich sein, wie im Fall dieses Baumhauses am Rand des Schwimmbeckens eines Luxushotels auf den Balearen. Der erste Entwurf sah vor, die gesamte Konstruktion auf Pfählen aus Lärchenschichtholz abzustützen und die Pinie auf eine lediglich schützende und schmückende Rolle zu beschränken. Die Besitzer wünschten sich jedoch große Fenster, die die Konstruktion so schwer werden ließen, dass allzu massive Pfähle notwendig geworden wären. So entstand die Idee, eine Konstruktion aus Metall zu schaffen, deren

- Baumart: Pinie
- Höhe: 5,8 m
- Grundfläche des Hauses: 18 m^2
- Grundfläche der Terrasse: 7,6 m^2
- Verwendung: Cocktails, Abendessen, Träumereien
- Webseite: www.sonnet.es

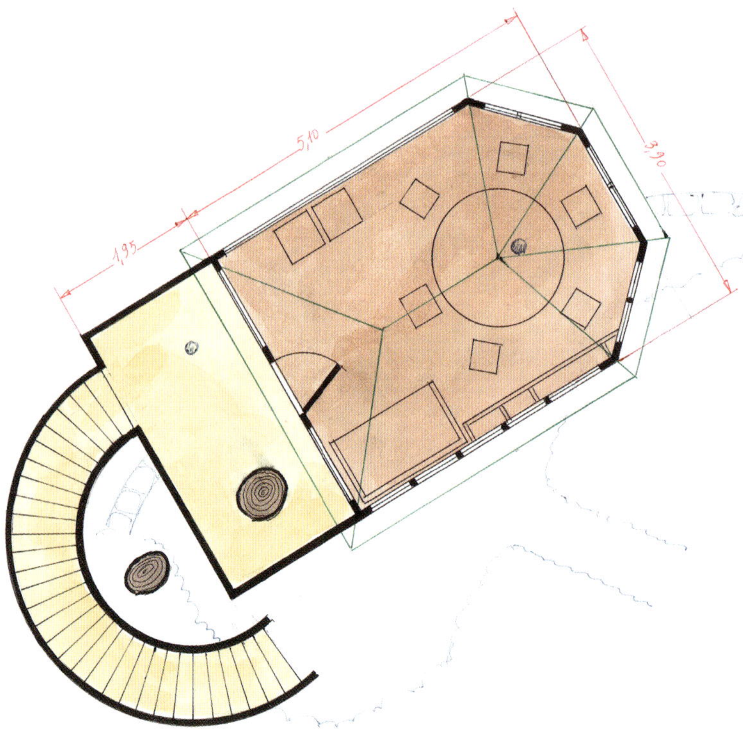

Der einzigartige Blick auf die Serra de Tramuntana
nicht weit von Palma de Mallorca.

»Die Hütte, die sich für den Eiffelturm hielt.«

elegante Arabesken die Motive der Dekoration aus dem Inneren des Hotels wieder aufnehmen sollten.
Da Metall wesentlich beständiger ist als Holz, war es möglich, grazile Stützen zu schaffen, die diesem Baumhaus eine besondere Note verleihen. So konnten doppelt verglaste Fenster eingesetzt werden sowie eine große Fensterfront als Falttür. Bei Sonnenuntergang steigen die Gäste die halbrunde Treppe hinauf und gelangen so unter ein Vordach, unter dem die Äste der Pinie entlanglaufen. Hier können sie einen Cocktail genießen und die schroffen Berge der Serra de Tramuntana bewundern. Qué bonito!

Die Fensterfront lässt sich beim ersten Regentropfen auseinanderfalten.

Die Futterstelle der Giraffen

Wenn der Mensch etwas in den Bäumen bauen möchte, begibt er sich immer auf das natürliche Territorium der Tiere. Wenn die fraglichen Bäume aber gigantisch sind und sich in dem Giraffengehege eines Zoos befinden, ist er mit wesentlich heikleren Fragen konfrontiert als üblich. Dies mussten die Mitarbeiter von La Cabane Perchée feststellen, als sie der Besitzer eines belgischen Tierparks bat, einen Aussichtspunkt in der »Afrikawelt« zu errichten, von dem aus die Zoobesucher den Wiederkäuern mit dem langen Hals Auge in Auge gegenübertreten können. Von Anfang an gestaltete sich die Vermessung schwierig, denn die Platanen waren mit rund zehn Metern Breite nicht nur riesig, sondern auch außergewöhnlich verschlungen. Außerdem musste eine siebzehn Meter lange Terrasse entworfen werden, die sich zwischen den Stämmen hindurchschlängelt und das Gewicht einer größeren Anzahl Personen tragen kann.
Nachdem das Projekt von Daniel entworfen worden war, machten sich Ghislain und Aimé an die Arbeit und realisierten dank ihrer 3D-Software ein wahres Meisterwerk der Zimmermannskunst, dessen technische Komplexität wohl nur Experten einschätzen können. Der Boden, der im Atelier aus behandeltem Sumpfkiefernholz zugeschnitten wurde, ist so gefertigt, dass die Bretter von einem Mittelpunkt aus verlegt werden und daher alle unterschiedliche Längen haben. Am Ende der Aussichtsterrasse führt eine Treppe auf einen noch höher gelegenen Ausguck acht Meter über dem Erdboden. So kann das Gehege auch von oben bewundert werden. Um alle Sicherheitsnormen einzuhalten, steht die gesamte Konstruktion auf Pfählen. Das Geländer wurde in unregelmäßigen Abständen mit Löchern versehen, die an die Flecken der Giraffen erinnern und den Kindern erlauben, mit der Hand hindurchzugreifen und den Giraffen leckere Zweige hinzuhalten.

- Baumart: Platanen
- Höhe: 8 m
- Länge der Aussichtsterrasse: 17 m
- Verwendung: Ausguck und Zwiegespräch mit den Giraffen
- Webseite: www.pairidaiza.eu

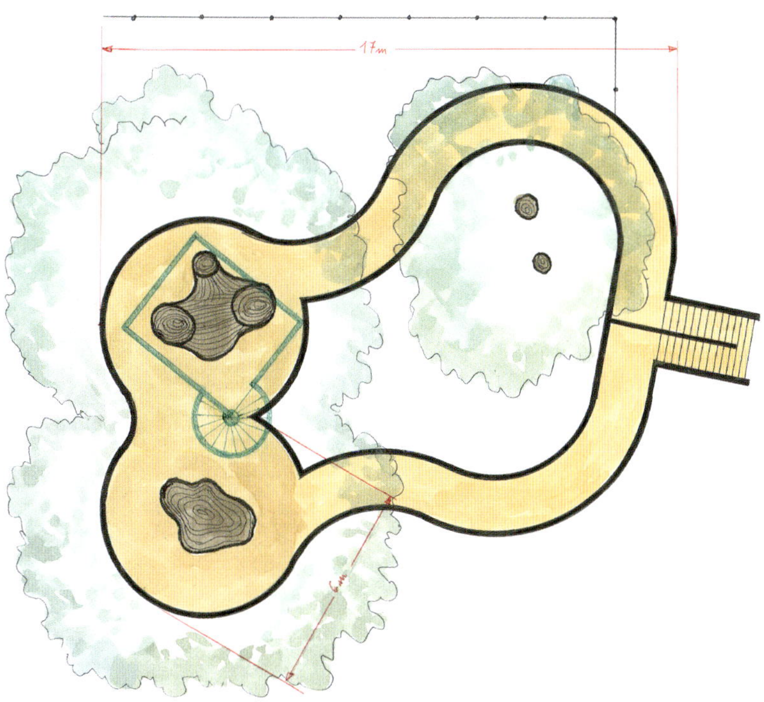

Der Boden beweist die technische Komplexität der Konstruktion.

»Unerwartetes Tête-à-Tête mit Giraffen.«

Die Giraffen kommen, um sich bei den Besuchern Leckerbissen abzuholen.

Eine Dschunke auf dem Blätterdach

- Baumarten: Platanen und Buchen
- Höhe: 11 m
- Grundfläche des Hauses: 33 m^2
- Grundfläche der Terrasse: 51 m^2
- Verwendung: Wohnhaus in den Bäumen

Das Gefühl eines Tapetenwechsels muss nicht zwangsläufig mit Distanz verbunden sein. Für den Besitzer des zoologischen Gartens, der die Landschaften der fünf Kontinente inmitten Walloniens so wundervoll nachgebildet hat, schien das offensichtlich. Logisch daher, dass er seine eigene Flucht aus dem Alltag nicht nur durch das Bereisen der Weltmeere, sondern auch in einem Baumhaus findet. Dieses sehr ambitionierte Projekt bestand darin, in den riesigen Bäumen der »Chinawelt« eine Wohnung für zwei Personen zu konzipieren. Sie sollte eine Wohnküche, ein Badezimmer und ein Schlafzimmer beherbergen. Ein kleines technisches Wunder! Die erste Ebene ruht auf einer Plattform, die vollständig mit Seilen an den oberen Ästen aufgehängt ist, und von einem sechseckigen Turm überragt wird. Das Gewicht ist auf vier hundertjährige Bäume verteilt. Der Einsatz von zahlreichen Seilen und Ankerpunkten reduziert die Belastung für jeden einzelnen Baum. Vom Boden aus gesehen scheint die Konstruktion wie von Zauberhand geführt in der Luft zu schweben. Die Innenräume sind mit derselben Sorgfalt eingerichtet wie eine Luxusjacht. Ein versteckter Installationsschacht, in dem die Wasserzuleitung, die Abzugsrohre und die elektrischen Leitungen verborgen sind, läuft einen der Baumstämme entlang. Jedes Detail ist so durchdacht, dass ein maximaler Komfort geboten wird. Wenn dieses Schiff auch niemals in See stechen wird, so nimmt es seine Passagiere doch auf eine außergewöhnliche Reise ins Reich der Bäume mit.

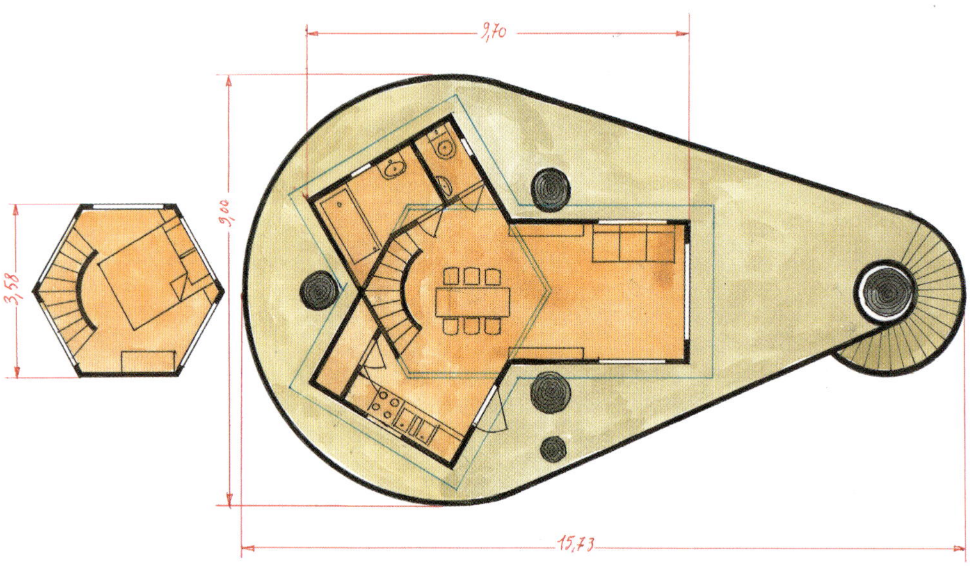

Die Konstruktion ist durch ein Seilsystem an den oberen Ästen aufgehängt

»Eine an Seilen aufgehängte Terrasse oder eine in der Baumkrone segelnde chinesische Dschunke?«

Das Baumhaus passt sich an die asiatische Kulisse dieses Teils des Zoos an.

Die Hütte wird in der schönen Jahreszeit vollständig vom Blattwerk verdeckt.

Das schwebende Zimmer

An manchen Orten scheint die Natur all ihre Kraft aufzubieten, um die Menschen daran zu hindern, sie zu verunstalten. In dieser Gegend der Provence, am Rand einer zehn Meter tiefen Schlucht, in der ein Wildbach fließt, dominiert das Dickicht der Heide. Dieser schwer zugängliche Teil eines schönen Anwesens, in dem wilde Feigenbäume und hundertjährige Steineichen wachsen, fasziniert alle, die sich dorthin wagen. Aber das Land ist nicht bebaubar, nur Tiere können sich dort einnisten. Wie ließe sich also ein über dem Abgrund schwebendes Nest konstruieren und damit den Besitzer, einen anerkannten Baumeister, überraschen? Die Suche nach geeigneten Ankerpunkten beschäftigte mehrere Experten. Anschließend wurden mehrere Meter tiefe Löcher in die senkrecht abfallende Felswand gebohrt, in die ein Spezialzement gegossen wurde, um die Fundamentierungen zu sichern. Auf diese mehrere Meter tiefer liegenden extrem stabilen Betonpoller stützen sich die Holzpfähle, die die Plattform tragen.

Zu dieser quasi am Ende der Welt liegenden Hütte führt eine zwanzig Meter lange Fußgängerbrücke aus Thujaholz, die durch eine Metallkonstruktion am anderen Ufer abgestützt wird. Das Holz des Riesenlebensbaums wurde wegen seiner außergewöhnlichen Leichtigkeit für diese Konstruktion gewählt. Zwei Äste der Steineiche durchstoßen die Terrasse, als wolle sie ihren Lebensraum zurückgewinnen.

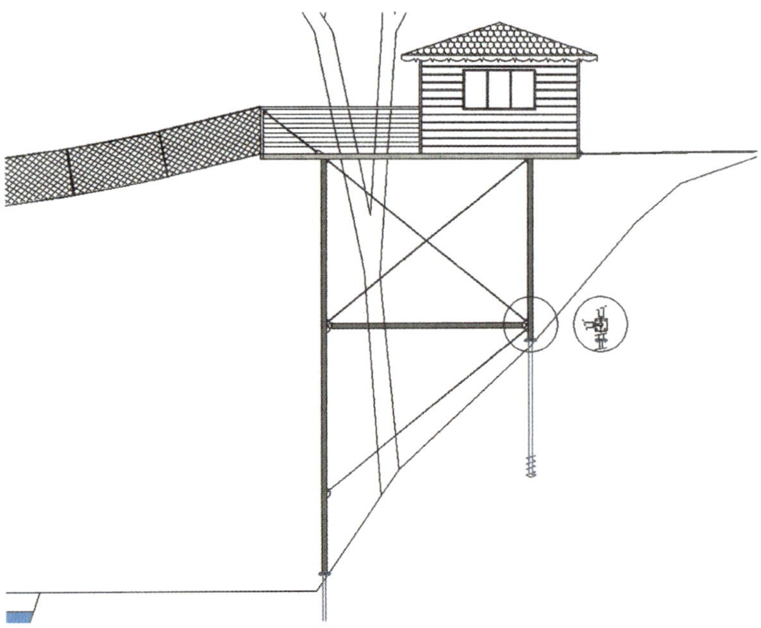

- Baumart: Steineiche
- Höhe: 10 m
- Grundfläche des Hauses: 15 m²
- Grundfläche der Terrasse: 24 m²
- Verwendung: luftiges Lesezimmer

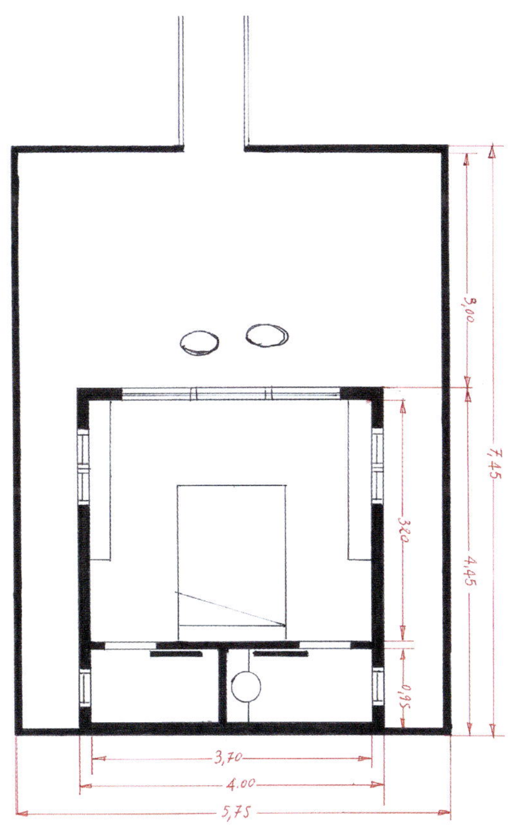

Um die Äste herum wurde dem Baum Platz
zum Wachsen gelassen.

»Am Ende der schmalen Brücke schwimmt eine Insel, von der aus man die Wildnis genießen kann.«

Durch die großen Fenster öffnet
sich das Baumhaus für die Natur.

Eine zwanzig Meter lange Brücke lässt selbst die Mutigsten zögern.

Das Ziel rechtfertigt den Weg.

Unter der Terrasse befindet sich ein Abgrund von fast zehn Metern Tiefe.

Die lange Brücke ist der einzige Zugang
zur Terrasse.

Die Schöne der Nacht

Die Entscheidung zwischen einem weit entfernten exotischen Ziel und dem Komfort eines behaglichen Hotelzimmers ist manchmal schwierig. Für alle, die von einer solchen trauten und doch aufregend anderen Zweisamkeit träumen, haben die Besitzer eines Schlosshotels aus dem 17. Jahrhundert im Süden von Brüssel in dem riesigen Park des Anwesens ein Baumhaus bauen lassen, das sie mit derselben Sorgfalt eingerichtet haben wie die Hotelzimmer. Nachdem die Gäste zu Fuß oder mit dem Fahrrad das Wäldchen erreicht haben, gehen sie über die geschwungene Treppe die große Eiche hinauf und gelangen auf eine Terrasse

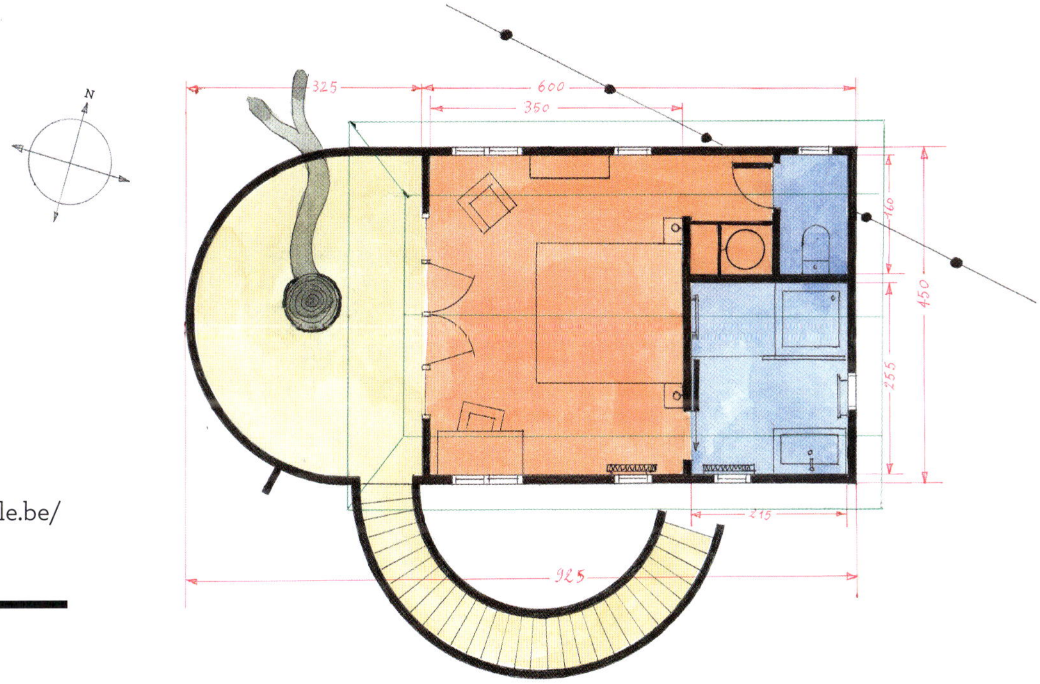

- Baumart: Eiche
- Höhe: 6 m
- Grundfläche des Hauses: 24,4 m²
- Grundfläche der Terrasse: 12 m²
- Verwendung: Gästehaus
- Webseite: www.restauration-nouvelle.be/_lescabanesdemarie

Das Baumhaus ruht auf der mächtigen Eiche.

direkt unter der majestätischen Baumkrone. Im Inneren der Hütte bestechen zahlreiche Annehmlichkeiten, von der Minibar über die Kaffeemaschine und den Sektkübel bis zum Obstkorb. Im Badezimmer, wo flauschige Bademäntel bereitliegen, grenzt eine schwellenfreie Dusche an eine große Badewanne. Die Toilette ist durch eine Wand abgetrennt. Wenn das Wetter nicht zulässt, es sich in den Sesseln auf der Terrasse bequem zu machen, steht ein kleiner Tisch im Inneren zur Verfügung, um zu frühstücken oder sich ein warmes Essen vom Zimmerservice auf sechs Meter Höhe bringen zu lassen.

Paare auf der Suche nach Romantik werden unweigerlich eine weitere Nacht dazubuchen oder vielleicht auch eine Ausfahrt mit dem schönen, sorgfältig hergerichteten Planwagen aus Holz, der am anderen Ende des Anwesens bereitsteht, unternehmen wollen.

Und es gibt sogar ein Badezimmer mit großer Badewanne und Dusche.

»Die Stille des Waldes ist bei jedem Wetter Genuss und Wohltat.«

Das Zimmer ist so groß, dass ein Boxspringbett hineinpasst.

Der Ausguck am See

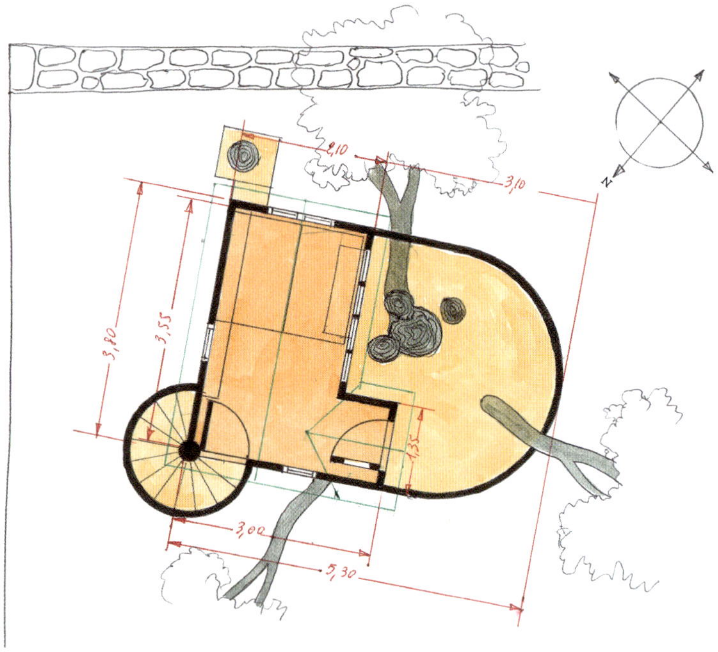

- Baumart: Eichen
- Höhe: 8 m
- Grundfläche des Hauses: 8 m^2
- Grundfläche der Terrasse: 9 m^2
- Verwendung: ein Ort zum Meditieren und Träumen

Das Baumhaus ist ein Ort, der alle fünf Sinne in Anspruch nimmt. Oben angekommen, verändern sich die Empfindungen unmerklich hin zu Beschaulichkeit, zu einer inneren Reise in die Kindheit. So eröffnet auch das Baumhaus in einer großen Eiche am Ufer des Genfersees eine ganz andere Gefühlspalette als ein Haus oder ein Garten. Beim Aufstieg über die lange Wendeltreppe vermittelt die Geschmeidigkeit des Treppengeländers ein Gefühl von Sicherheit und Trost. Auf der Terrasse wird die Aufmerksamkeit von dem den Boden durchdringenden dicken Astwerk eingenommen, das mit seiner Präsenz nach Bewunderung und Streicheleinheiten verlangt. In acht Meter Höhe ist die Beziehung zum Baum wesentlich enger, intimer und greifbarer.

Im Gegensatz zu den ersten Skizzen umschlingt die Treppe die benachbarte kleine Eiche.

»Acht Meter vom Boden entfernt entdeckt man den See ganz neu.«

Die abgerundete Terrasse öffnet den Blick sowohl auf den See als auch in den Garten.

Beim Eintritt in das kleine Zimmer, das sich mit großen Glasfenstern zum See hin öffnet, erinnert der Geruch von Holz und das Ambiente sofort an die ersten Hütten, die man im Alter von acht oder neun Jahren während der Sommerferien gebaut hat. Das Knacken des Holzes, das bei starkem Wind zu hören ist, erinnert an die Geräusche der Tragflächen eines Segelflugzeugs. Der Blick über den See und auf die Gipfel der Alpen, der am Fuß des Baumes schon zauberhaft war, stellt sich durch die Äste hindurch wieder ganz anders dar. Und im Inneren der Hütte besitzt die Stille einen anderen Ton, das Alleinsein einen anderen Geschmack und die Zeit eine andere Dimension. Vielleicht ist das der Grund dafür, dass Baumhäuser magische Orte sind, an denen wunderbare Träume entstehen.

Die geschwungene Treppe ist zum dekorativen Element des Ganzen geworden.

Ein kleines Nest in dunkler Nacht.

Lernbereitschaft, Teamgeist und … Autorennen.

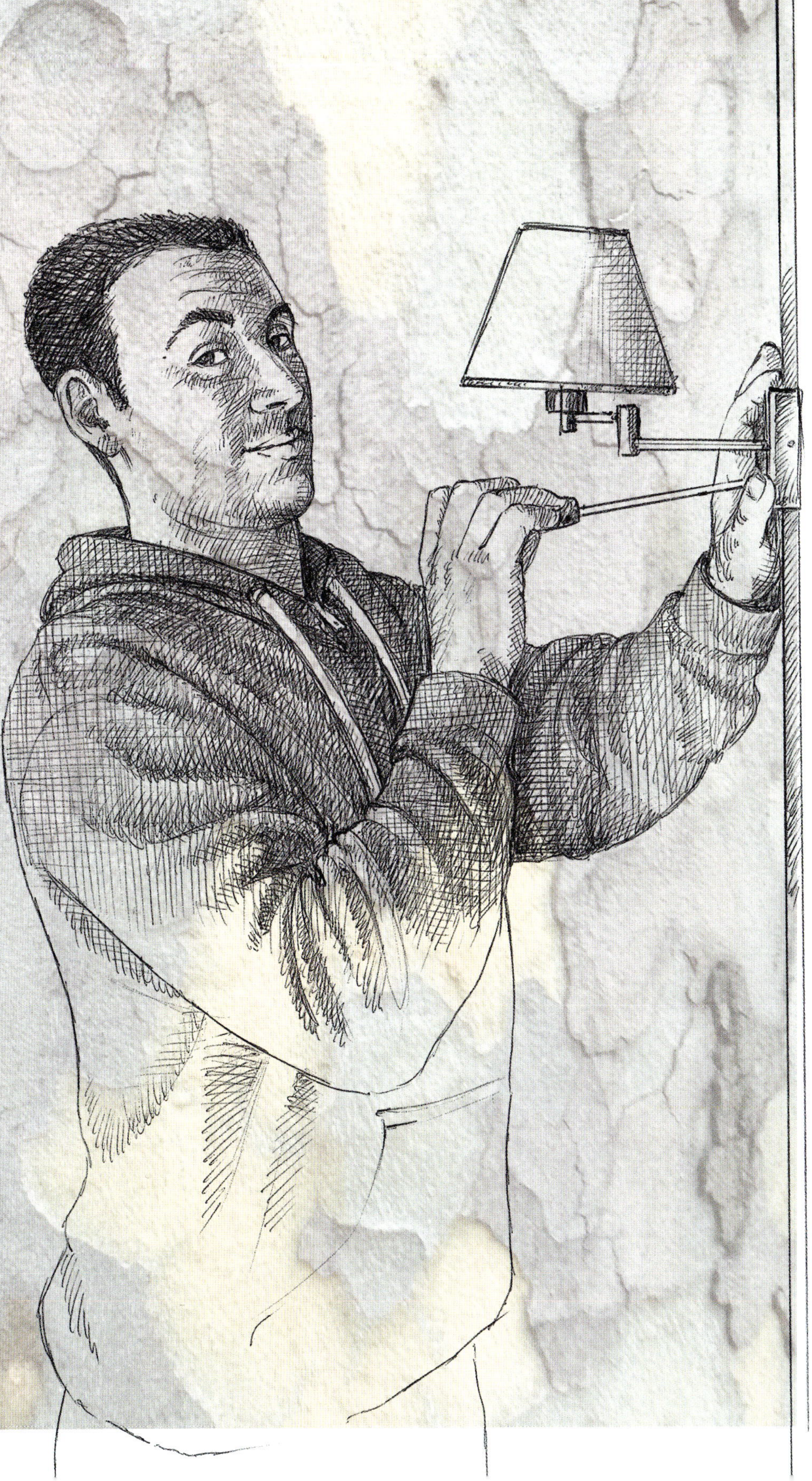

Amaury Santi
Elektriker/Installateur

Der wandernde Leuchtturm

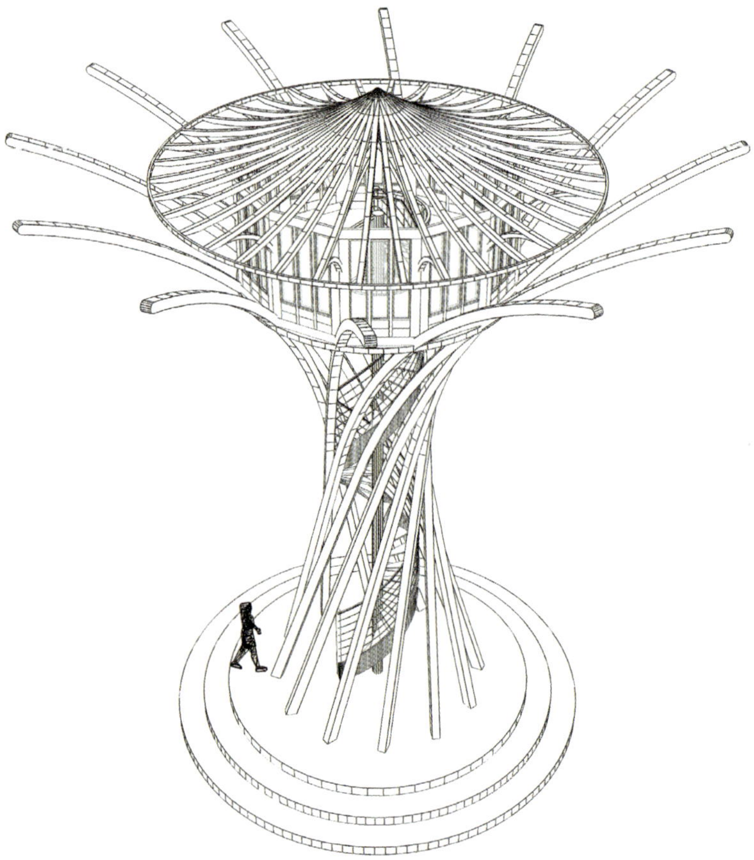

Noch ein Wagnis: Ein spektakulärer Bau, der den höchsten Sicherheitsanforderungen entspricht, in schwindelnder Höhe auf Betonboden selbsttragend und ohne jedwede zusätzliche Verankerung in Rekordzeit erschaffen. Dieses Wagnis, das von den Organisatoren des nach zehnjähriger Abwesenheit wiederum ersten Salons »L'art du Jardin« 2013 im Grand Palais in Paris – einem Prachtbau aus Glas und Stahl von 1900 – ausgeschrieben worden war, schien nicht realisierbar. Die technische Herausforderung stachelte Ghislain jedoch an: Auf seinem Computer skizzierte er ein Konzept, mit dem er spielerisch die Grenzen des Baumhausbaus weiterentwickelte. Auf dem Bildschirm erschien eine majestätische Konstruktion, die aussah wie eine Blütenkrone, in die er vorsichtig einen runden Pavillon mit einem japanischen Dach einfügte. Die Zeichnung verführte Nathalie und Paul Vranken, Besitzer der Pommery-Champagner-Firma, dazu, die Umsetzung des Bauwerks zu finanzieren.
Einige Wochen später kam der Lastwagen mit den im Atelier gefertigten Teilen in aller Herrgottsfrühe beim Ausstellungsgebäude des Grand Palais an. Die darauf folgenden vier Tage und drei Nächte der Montage werden die Mitarbeiter ebenso wenig vergessen wie die

- Höhe: 14 m
- Grundfläche des Hauses: 7 m^2
- Verwendung: Ausstellungsraum und monumentale Skulptur
- Aktuelle Adresse: Domaine de Jarras, Aigues-Mortes

Die vollkommen selbsttragende Struktur wird durch ein mit Sandsäcken gefülltes Podest stabilisiert.

Die Balken aus Riesen-Thuja-Holz sind aus drei Teilen gefertigt und untereinander mit Metallschuhen verbunden.

»Aus der Glaskuppel des Grand Palais in die Camargue; ein Bauwerk, das dazu bestimmt ist zu strahlen.«

vielfältigen Anforderungen für die Genehmigung und die schier unglaublichen technischen Zwänge. Eine Stunde vor der offiziellen Eröffnung des Salons war die Konstruktion in fiebriger Hektik und höchster Anspannung mit der Anbringung des Logos des Sponsors in vierzehn Metern Höhe fertiggestellt. Die ersten Besucher konnten ihren Blick gar nicht mehr von der sich zum Glasdach emporschwingenden Konstruktion aus rosafarbenem Holz wenden und wollten gleich hinaufsteigen, um die umgebenden Gartenlandschaften von oben zu bewundern (siehe dazu den Film auf der Webseite von La Cabane Perchée). Dreieinhalb Millionen Aufstiege später wurde der schwebende Pavillon demontiert und im Lastwagen quer durch Frankreich an den Rand der Domaine de Jarras in Aigues-Mortes transportiert, wo er sein weiteres Leben verbringen sollte. Dort wird er nun als monumentale Skulptur bei Einbruch der Nacht mit Tausenden Lampen beleuchtet und gilt weiterhin als Ausnahmebeispiel eines Stelzenbaus.

Die Beleuchtung schenkt der Hütte nach Einbruch der Nacht ein zweites Leben.

Ein Ufo nachts in der Camargue …

PROJEKT / MEXIKO

Die Nachbarin von Sirius

»Ziele nach dem Mond. Selbst wenn du ihn verfehlst, wirst du zwischen den Sternen landen«, schrieb Friedrich Nietzsche. Nach fünfzehn Jahren architektonischer Herausforderungen, aus denen Häuser und Hütten in den Bäumen der ganzen Welt hervorgegangen sind, bleibt das Verlangen, die Sterne zu erreichen. Zwischen Bescheidenheit und Utopie hat der Kindheitstraum die Grenzen des Vorstellbaren weiter hinausgeschoben und den Drang bestärkt, einen außergewöhnlichen Ort zu schaffen, an dem magische Augenblicke möglich sind. Das Experiment im Grand Palais (siehe Seite 222) hat gezeigt, dass ein solches Bauwerk sich in den Himmel erheben kann, ohne unbedingt einen Baum als Stütze zu benötigen. Warum sollte man nicht ein autonomes Modell entwickeln, das auf einem feinen Sandstrand, am Rande einer Lagune oder auf dem Gipfel eines Berges stehen kann und die Landschaft elegant und diskret überragt?
Und warum, sagt sich Ghislain, soll man sich nicht den Komfort und Luxus eines großen abgerundeten Glasfensters vorstellen, durch das man vom Bett aus im Breitwandformat den Himmel sehen kann? Lassen Sie uns noch weiter träumen: Wie wäre es, wenn die Innenausstattung die Einfachheit des Holzes mit den luxuriösen Accessoires der größten Hotels der Welt verbindet? Für die Faulen unter uns könnte ein hinter den Holzstützen versteckter Aufzug die Wendeltreppe ersetzen, um so nach einem Kopfsprung in die Wellen sanft zu diesem schwebenden Nest aufzusteigen.
Jetzt wartet dieser Traum eines außergewöhnlichen Himmelsdomizils auf seine Zeit und lässt sich von den Mitarbeitern von La Cabane Perchée den letzten Schliff geben, bevor der Tag kommt, an dem er unter dem riesigen sternenklaren Himmel Realität wird.

- Höhe: 10, 15 oder 20 m
- Grundfläche des Hauses: auf Bestellung
- Verwendung: Schlafen in den Sternen

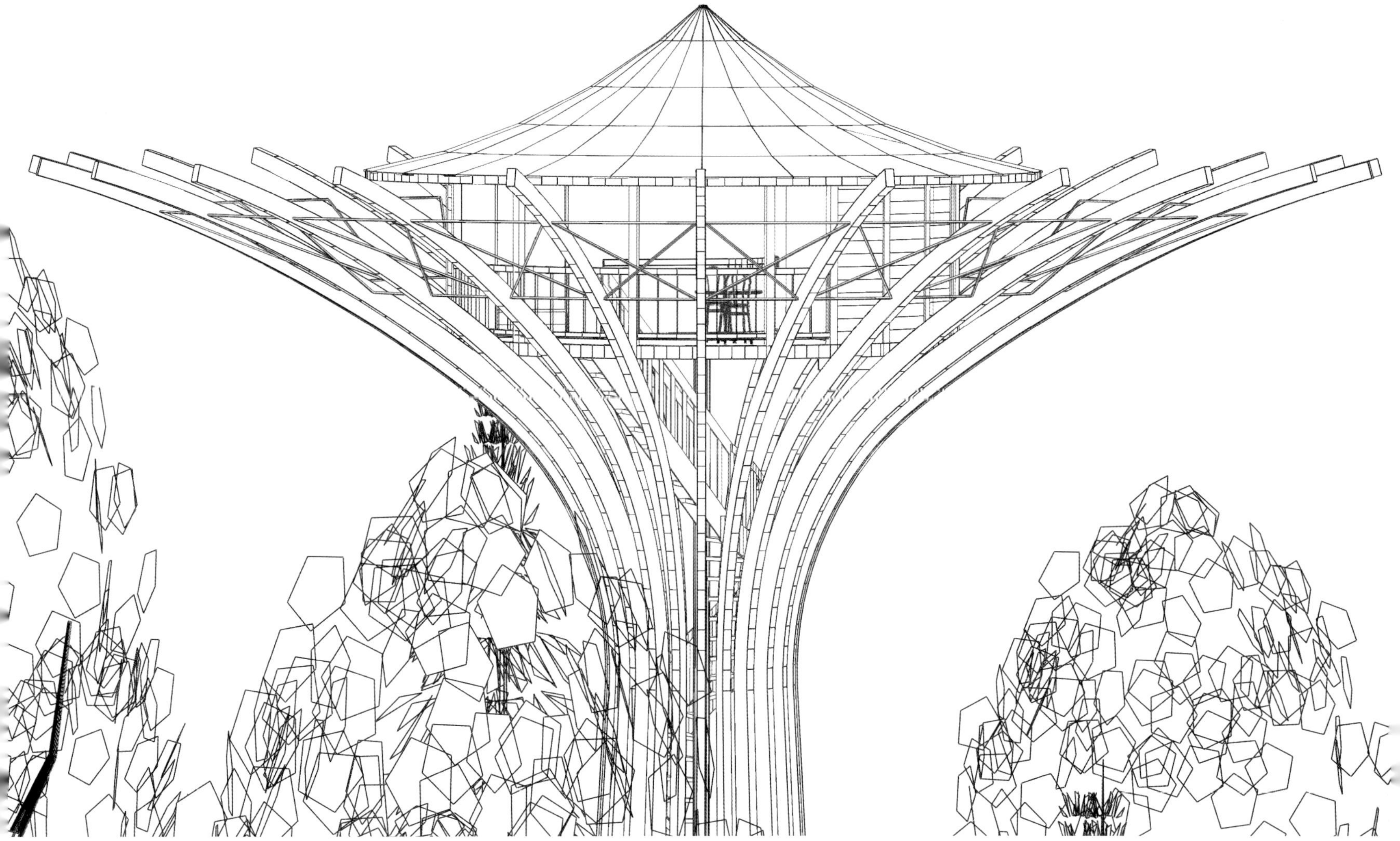

Eine gemütliche Ecke bei Sonnenuntergang.

Das komfortable Badezimmer.

Der 360-Grad-Panoramablick auf eine Traumlandschaft.

»Träumen wir weiter, wagen wir es,
all unsere Träume umzusetzen,
so können wir die Sterne erreichen.«

Sämtliche Fotos sind von **Jacques Delacroix**
mit Ausnahme der folgenden:

Seite 10–15 © Lars Gundersen

Seite 24–27 © Maria Zhilenkova

Seite 39, 51, 93, 117, 131, 151, 175, 221
© Anne-Marie Bourgeois

Seite 42–45 © Maurizio Brera

Seite 66–69 © Judith Edelmann

Seite 88–92 © Steve Helms

Seite 102–103 © Daniel Dufour

Seite 188–191 © Stuart Pearce

Sämtliche Illustrationen sind von **Daniel Dufour**
mit Ausnahme der folgenden:

Seite 222 oben sowie 228–229 © Ghislain André

Seite 230–237 © Daï Sugasawa

Mit diesem Team, das selbst bei minus dreißig Grad bauen, zimmern, verankern, aufhängen, zum Schweben bringen, möblieren, elektrifizieren, ausstatten und sämtliche Träume unserer Kundinnen und Kunden verwirklichen kann, werden wir den Mond erobern, sobald es dort Bäume gibt.

Bei der Realisierung dieses Buches hatten wir folgendes Dream-Team:

Aude Mantoux, Samtstimme, Samthände, Samthandschuh.
Anne-Marie Bourgeois, immer ganz behutsam und immer ein offenes Ohr.
Sonia Buchard, die gekonnt den Textmarathon gewonnen hat.
Valérie Gautier, die den Orchesterton angestimmt hat.
Anne Serroy, mit Charme, Lächeln und Überzeugungskraft.
Laurence Alvado, der nichts entgangen ist.
Morgane Sort, was wären wir ohne die Herstellung?
Jocelyn Rigault, aufmerksam und entgegenkommend.
Hervé, mit der stets offenen Türe.

Und schließlich unsere 450 Kundinnen, Kunden und Freunde, die alle ein kleines bisschen verrückt sind.

Vielen Dank an alle für dieses Abenteuer!

Alain Laurens

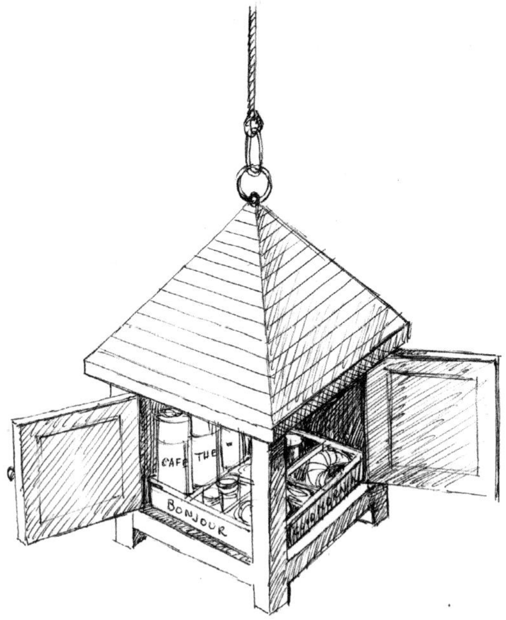

www.lacabaneperchee.com
Alain Laurens
+33 4 90 75 91 40

Die Originalausgabe dieses Buches ist unter dem Titel »Rêvons perchés« 2015
bei Éditions de La Martinière, Paris, erschienen.

Aus dem Französischen übersetzt von Daniela Janz.

AT Verlag, Aarau und München
Fotos: Jacques Delacroix
Illustrationen: Daniel Dufour
Grafische Gestaltung: m87design
Druck und Bindearbeiten: Pollina, Chasnais, Frankreich - L71956B
Printed in France

ISBN 978-3-03800-883-5

www.at-verlag.ch